JN052450

デザイン思考2.0
人生と仕事を変える「発想術」

松本 勝
Matsumoto Masaru

小学館新書

はじめに

皆さんは『デザイン思考』を知っていますか？

「聞いたことがない」「聞いたことはあるが詳しくは知らない」「会社の研修で学んだ」「シリコンバレーの本場で学んできた」など、人によって様々だと思います。

デザイン思考に通じる考え方は、古くは50年ほど前のシステム工学やデザイン工学の分野において垣間見ることができます。

その後、ビジネス分野への応用は、米カリフォルニアに本拠を置くIDEO社を創立したデビッド・ケリーによって、１９９０年代に本格的にスタートしました。IDEOはアップル社のマウスをデザインしたことでも有名な、シリコンバレーにあるデザインファームです。デザイン思考の歴史は30年足らずとそれほど長くないものの、今や新規のサービス開発を行ううえで必要不可欠な考え方となっています。

シリコンバレーを中心に世界的にデザイン思考が広まっていた頃、日本では「ロジカルシンキング」が全盛となっていました。物事を「根拠」と「結論」という論理的なつながりから捉えて理解しようという思考法です。この論理的なつながりで考えるアプローチ自体は、様々なビジネスシーンで有効です。

しかし、世の中を変革するような「イノベーションの創発」という分野にはあまりフィットしません。なぜなら、そういった革新的なサービスの開発時点では、まだ市場が存在しないため、ロジカルシンキングを用いた分析は不可能で、顧客にヒアリングを行おうにも、世の中にサービス自体が存在しないのでニーズを拾い上げることもできません。つまり、「論理的アプローチ」自体が難しいわけです。

対して、デザイン思考とは市場分析や過去の事例分析ではなく「人の気持ちをデザインする思考法」です。すなわち、あるシーンにおいて人はどのような感情をもち、何を求めるのか、どんな体験に感動する（＝心が動く）のかを徹底的に考察するアプローチです。このアプローチを採用すれば、たとえ現時点で市場が存在せずとも、新たな市場の創出をデザインすることが可能です。

もう少し詳しく説明しましょう。まず「なぜ市場が存在するのか」を考えると、その理由は「多くの人々がサービスを利用するから」です。

では、なぜ多くの人々がサービスを利用するのかと言うと、それは「多くの人々がサービスを利用した時に心が動くから」です。そうであるならば、「どのようなサービス体験をデザインすれば人の心が動くのか」を徹底的に考察し上手くサービス開発を行えば、「人の心が動き」→「人が動き（利用し）」→「市場が生まれる」ことになります。

このように、デザイン思考によるサービス開発は、市場分析による論理的アプローチとは正反対の「人間の心の動きから考える思考法」と言えます。なぜデザイン思考がイノベーション創出に有効な思考法であるかがおわかりいただけたと思います。

日本がロジカルシンキング全盛期だった頃、欧米ではデザイン思考が一般的になり、特にGAFA（グーグル、アップル、フェイスブック、アマゾン）のようなテクノロジーカンパニーでは、デザイン思考を活用したサービス開発が積極的に行われ、次々に革新的なサービスが生み出されました。

人が物を買うのは、論理的に正しいからではありません。買いたいから買うのです。

「原価が1万円だから利益マージンを乗せて価格は2万円が適正だ」というメーカーによる価格設定は、自社からの視点で考えた論理的アプローチです。

一方で、「このサービス体験に顧客はどれだけの価値を感じ、お金をいくら払っても良いと感じるか」という顧客視点での「心の動き」にフォーカスしてものを考えるのは、デザイン思考的なアプローチと言えます。iPhoneはアップルにとって非常に高利益率な製品です。しかし、多くの人々は「iPhoneは利益マージンをたくさん取られているから買わない」とはなりません。「この新しいiPhoneはきっと素晴らしい毎日を自分に与えてくれるだろう」と期待に胸を膨らませて購入します。価格設定だけでなく、サービス開発のあらゆるシーンにおいて、常に顧客の心の動きに着目すれば、でき上がってくるサービスは当然「顧客の心を動かす素晴らしいサービス」になる可能性は高くなります。

このようにデザイン思考は、顧客の心を捉えて自社サービスのファンになってもらうために必要不可欠な考え方です。サービス開発に長年携わっている方は、「顧客の気持ちを考えてサービス開発を行うのは当たり前だ」と思われるかもしれません。確かにその通りです。しかし当たり前のことでありながら、多くの人々ができていないことでもあります。

それを一定のフレームワーク（思考プロセス）としてまとめ、誰でも学べるようにしたことが、デザイン思考の存在価値と言えます。

ここで私の経歴に少しだけ触れておきますと、私は大阪で生まれて、大学進学時に上京しました。東大大学院を修了後、新卒で外資系の投資銀行であるゴールドマン・サックスに入社し、その後、自身でＮＰＯを立ち上げ、さらにＩＴスタートアップを創業しました。現在は１人の起業家として、サービス開発、ビジネスアイデアの事業家に取り組んでいます。２０１４年には、日本を代表する企業と学生をキャリア教育で結ぶ『キャリア大学』というサービスで、全国24万人の企業の人事や人的資源に携わるビジネスパーソンが投票する「ＨＲアワード」の最優秀賞を受賞し、２０１９年には経営革新、新商品開発などで顕著な功績を挙げた人物として、日本経済新聞社主催の「SUITS OF THE YEAR」のビジネス部門に選出されました。他にも、ＡＩの特許技術で創造力を数値化する『デザイン思考テスト』が、２０２１年にＨＲアワードで優秀賞、「Digital HR Competition」でグランプリを受賞するなど、成果に結びついています。キャリアはもちろん、ビジネスでの様々な選択に、デザイン思考が大きく役立っていることは言うまでもありません。

初めてサービス開発に携わる方はもちろん、既に顧客視点で多くのサービス開発に関わってきた方にとっても、頭の整理をする機会にしてもらいたいと考え、本書をまとめました。

なお、本書は「デザイン思考」をテーマにしていますが、既にこれまで他の多くの書籍で「デザイン思考のステップ（またはプロセス）」については詳しく紹介されているため、本書においてはそのステップの中でも、「問題定義」と「アイデアの創造」の部分によりフォーカスし、様々なアイデア発想のアプローチを紹介する内容としています。

したがって、これまでデザイン思考を学んだことがある方にとっては、少し違和感があるかもしれませんが、日常のあらゆるシーンにおいて有効な発想法ですので、ぜひ活用いただければと思います。

デザイン思考2・0　人生と仕事を変える「発想術」

目次

はじめに……3

第一章●誰でもできる「イノベーション」……13
ジョブズもベゾスも「普通の人」
重要なのは、今までにない「新しい組み合わせ」
デザイン思考の「5ステップ」
「創造力」とは何か
新時代に求められる「課題発見力」と「課題解決力」
「反対9割」こそが良いアイデア

第二章●始まりは「ニーズ」に……69
まずは「問い」を〝立てる〟ところから
顕在ニーズと潜在ニーズ

「共感」するための2つの手法
「本源的欲求」はどこにあるのか
「ユーザーの声」は常に真実とは限らない

第三章● 目指すは究極の「いいとこ取り」……115
「無意識の諦め」を覆す
「安全で速い車」は存在する
既存サービスの「価値」は何か
「当たり前」を疑う
バイアスを取り除く

第四章● 「新たな価値」を創造する……147
「建設的批判」が価値を生む
1人のアイデアより皆のアイデア
「あれもこれも」はNG
ナンバーワンよりオンリーワン

第五章 ● 人生に活きる「デザイン思考」……175
自身の「潜在ニーズ」に目を向けて
あなただけの「提供価値」がある
日常から取り組めるデザイン思考トレーニング
共感がもたらす円滑なコミュニケーション
おわりに……199

第一章

誰でもできる「イノベーション」

ジョブズもベゾスも「普通の人」

「イノベーター」と言われたら誰を思い浮かべるでしょうか。多くの人が真っ先に思い浮かべるのは、アップルの創業者スティーブ・ジョブズでしょうか。アマゾンの創業者ジェフ・ベゾスを挙げる人もいるかもしれません。

ジョブズは、まだメインフレームと呼ばれる企業や大学向けの大型コンピューターしかなかった時代に、「これからは、個人がコンピューターを持つ時代がやってくる」という強いビジョンをもち、「パーソナルコンピューター（PC）」という新しい市場を創りました。『Apple II』は世界で初めて大量生産、大量販売されたPCでしたし、『Mackintosh』は今でこそ当たり前の機能である、モニター画面にアプリやファイルのアイコンを表示し、それをマウスで操作する「グラフィカル・ユーザー・インターフェイス（GUI）」を備えた初めてのPCでした。

そして2001年、ジョブズは「1000曲をポケットに」とのキャッチコピーで『iPod』を発表。ソニーの『ウォークマン』が生み出し、席巻していたポータブル・オーディオプレーヤー市場を、あっと言う間にiPodは奪ってしまいました。また、その音楽管理ソフトである『iTunes』、コンテンツ販売アプリ『iTunesストア』は、ハードウエア分野はもちろん、ソフトウエア分野における成功をもアップルにもたらし、特にiTunesストアの登場は音楽業界のビジネス構造そのものを変えました。

しかし、ここでジョブズの快進撃は止まりません。

さらに2007年には「電話の再発明」として『iPhone』を発表。フィーチャーフォン全盛の、多くの人がそれに充分満足していた時代に、携帯電話を「様々なアプリが楽しめるプラットフォーム」に変えてしまいました。ジョブズは、スマートフォンと呼ばれる「新たなコンピューター」を生み出し、携帯電話という存在自体をも鮮やかに塗り替えてしまったのです。ご存知の通り、スマートフォンと呼ばれるコンパクトでモバイル性に富むコンピューターは地球規模の巨大な市場を生み出しました。

この後も、「ノートパソコンより使いやすく、スマートフォンより高機能」な新製品『iPad』を2010年に生み出すなど、ジョブズは2011年にこの世を去るまで世界に破壊的イノベーションを提供し続けました。

一方のベゾスはどうでしょうか。1993年に現在のアマゾンを設立、1995年にオンライン書店としてサービスをスタートし、現在、世界最大規模の小売企業となっています。たった20年ちょっとの期間に、なぜアマゾンはそこまで成長できたのでしょうか。

その理由の1つは、創業当時からベゾスが未来に対する明確なビジョンをもっていたからだと言われています。実際、1997年に株主に宛てた手紙には《今はまだインターネットの始まりの日に過ぎないが、明日になればイーコマース（EC）は個人の好みに合わせて発見の過程そのものを速く、豊かにしてくれるでしょう》と記しています。まだAI技術が発展していなかった当時、現在を見透かしているかのように、的確に言い当てています。

このようにベゾスが未来を予見できたのには理由があります。それは、ビジネスにおける彼のベースとなる考え方とも言うべきもので、「変わらないものに目を向ける」という独自の視点です。

多くの起業家が、トレンドや変化に目を向けがちな中で、ベゾスの視点は非常に特徴的で本質的です。今もこれからもずっと人間の「自分の好みのものを早く見つけたい」という願望は変わらないはずだと考え、変わらないのであれば、未来のサービスはこの願望を満たす方向に進化していく、と予想したわけです。

実際、このような考えに基づき、アマゾンは「より多くの商品の中から選びたい」、「より安い商品を選びたい」、「より良い商品を選びたい」、「より早く手に入れたい」といった、いつの時代も変わらぬ願望を満たすためにサービスを改善し続けてきました。特に、「より早く手に入れたい」という願望を満たすために多額の投資を行って独自の物流網を築き、「当日お急ぎ便」などのサービスを通じて、すぐに商品が届くようにしたことは革新的でした。品数では劣るものの、手元に商品が届くスピードの差を考慮してそれまでは実店舗での買い物を選択していた人にとって、もはや実店舗を選ぶ理由がなくなってしまったのです。

アマゾンは世界中の人々の購買行動を変え、生活を変えました。

このような「変わらないものに目を向ける」という考え方は、ベゾスの「長期的思考」の現れの1つですが、この思考はすべてにおいて一貫しています。

例えば、アマゾンは長年あえて利益を出してこなかった企業として有名です。「出せなかった」のではなく、「出さなかった」のです。その時点での利益を犠牲にしてでも、物流網など、長期的な未来の価値創造に投資し続けてきました。

さらにベゾスは、「長期的思考」の重要性を示すために、「1万年時計」に投資を行っています。アメリカのテキサス州にある山の地下で「1年に1回だけ針が進み、1万年後まで時を刻み続ける大時計」の建設が進んでいます。これは、長期的思考の象徴として見る者の感性を刺激し、自分が歴史という長い物語のなかにいることを意識させる狙いがあるそうです。そして、私たち人間が今知っている究極の超長期の世界は、宇宙空間における時間軸です。ベゾスが航空宇宙企業Blue Originを設立し宇宙事業に注力するのも、この「長期的思考」の行き着いた結果なのかもしれません。

ここまで読むと、「ジョブズもベゾスも普通の人じゃない！」と感じられるかもしれません。しかし、それは彼らが成し遂げた偉業の「結果」にだけ目を向けているからではないでしょうか。むしろ、より重要なのはそれらの結果にたどり着くに至った「プロセス」、さらに言うと「ビジネスを成功に導くための考え方」なのです。

2人を比較すると、その考え方も様々な点で異なります。

例えば、ジョブズは「1つの大きな目標を達成するためには1000の素晴らしいアイデアを放棄する勇気が必要だ」と、1997年のアップルのWorldwide Developers Conference（WWDC）で語っています。

一方のベゾスはリスクをとることで有名で、「失敗は成功する企業を構築するために非常に重要な要素だ」とよく話しています。実際、2019年には《失敗の規模が大きくならないなら、変化をもたらすような大きな発明をすることはできないだろう》と株主向けの手紙に綴っています。

しかし、2人には共通点があります。それは、共にビジョナリーリーダーであるという点です。ジョブズは「これからは、個人がコンピューターを持つ時代がやってくる」、ベゾスは「将来イーコマースが、個人の欲しがるものとすぐ出会える時代を届けてくれる」というビジョンを語り、共に言い当てました。

これらの明確なビジョンが、アップルとアマゾンを現在の巨大企業にまで成長させるために大きく役立ったことは確かでしょう。

なぜ彼らは未来を予測することができたのでしょうか。

ベゾスについては前述の通り、「変わらないものに目を向ける」という長期的思考によるものです。変わらないもの（＝普遍的なニーズ）に目を向けるために、アマゾンは「地球上で最も顧客を大切にする、究極の顧客中心主義」をビジョンに掲げています。「究極の顧客中心主義」とは、常に顧客の立場になり、顧客の気持ちになりきって、少しでも「不便」があれば解消することを意味します。その改善の先には、顧客の求める究極の「便利な世界」が待っているという考え方です。ＥＣで言えば、少しでも安く、良いものをいち早く顧客に届けることを意味します。

一方のジョブズは、まずは、「世界を変える」というビジョンからスタートします。実際、「Think different.」、すなわち「違った視点で物事を捉える」というスローガンのキャンペーンを実施し、その中で「自分が世界を変えられると本気で信じている人たちこそが、本当に世界を変えている」というメッセージを発信し、それがアップルの存在理由であると語っています。

そして、ジョブズは世界を変えるために徹底的にデザインにこだわりました。なぜなら、デザインには人の心を動かす力があると信じていたからです。すなわち、デザインの力で人の心を動かし、人の心を動かすことで人を動かし、人を動かすことで世界を変えようとしたのです。そのため、デザインへのこだわりは偏執狂的だったとも言われています。

通常の先端技術を使った電子機器の製造プロセスにおいては、まずエンジニアが仕様や要件を決め、それに見合ったケースや外殻をデザイナーが考えますが、ジョブズの場合は最初にケースのデザインを決め、そこにボードや部品が収まるようにエンジニアに工夫させるというプロセスで開発が行われました。このようなプロセスの結果、iPhoneという究極に美しいガジェットが生み出されました。どのようなデザインが顧客のどのような気持ちを喚起させ、それがどのようなライフスタイルを生み出すのか――プロダクトのデザインにより、新たなライフスタイルのデザインを目指したのです。

正反対に見えるアプローチ

このように書くと2人のアプローチは大きく異なるように感じられますが、本質的な部分は共通しています。それは、常に顧客の気持ちに「共感」して顧客のニーズを見つけ出し、そのニーズを満たすサービスを作り上げてきた点です。

あえて違いを言うと、ベゾスが普遍的で変わらない「顕在ニーズ」にフォーカスして、より利便性の高い、機能的価値の高いサービスを作ってきたのに対し、ジョブズは「顧客自身も言語化できないが、本当は誰もが求めている新たなライフスタイル」のような非常に抽象度の高い「潜在ニーズ」にフォーカスし、機能的価値だけでなく、情緒的価値も高いサービスを独自のデザイン力を駆使して作ってきました。

人々がアップルに熱狂するのは、ただ便利なだけではなく、デザイン性の高い製品が顧客に喚起する感情、例えば「持っているだけでクールな気持ちになる」「自分らしくいられる」といった情緒的価値によるところが大きいのではないでしょうか。いずれにせよ、顧客に共感して新たなニーズを見つけ、それをこれまでにない方法で実現してきたという点では共通しており、これが本書の「デザイン思考」のエッセンスとも言うべきポイントです。

ジョブズやベゾスは結果的に「偉大な人物」にはなりましたが、最初から偉大だったわけではありません。最初は普通の人間だったのです。普通の人間が、何十年にもわたり、毎日ひたすら顧客ニーズにだけ向き合い、サービス作りに挑戦し続けた結果、「偉大な人物」になったのです。

重要なのは、今までにない「新しい組み合わせ」

ここまでは、ジョブズとベゾスという2人のイノベーターについて記しましたが、それでは皆さんは、「イノベーション」という言葉の正しい意味をご存知でしょうか。

よく日本では「技術革新」と訳されることが多いのですが、実はこれは正しくありません。

イノベーションは技術の分野だけに留まりません。正しくは「新結合」、すなわち「これまで組み合わせたことのなかった要素同士を組み合わせることで、新たな価値を創造すること」を指します。

これは、イノベーション理論で著名な経済学者ヨーゼフ・アロイス・シュンペーターが、著書『経済発展の理論』（日経BP社）の中で「新結合」という言葉を使ったことに始まります。『イノベーションのジレンマ』（翔泳社）の著者としても知られるハーバード・ビジネス・スクールの元教授であるクレイトン・クリステンセンも、イノベーションを「一見、関係なさそうな事柄を結びつける思考」と定義していることから、シュンペーターの考えを引き継いでいることがわかります。

シュンペーターによれば、市場経済は、イノベーションによって不断に変化しており、イノベーションがなければ、市場経済は均衡状態に陥っていき、企業者利潤は消滅し、利益はゼロになる。企業はイノベーションを起こし続けないと生き残ることができない、と指摘しています。

シュンペーターは、イノベーションとして次の5つの類型を提示しました。

① プロダクト・イノベーション（新しい製品／サービスの創出）
② プロセス・イノベーション（新しい生産方法の導入）
③ マーケット・イノベーション（新しい市場への参入）
④ サプライチェーン・イノベーション（新しい資源の獲得）
⑤ オーガナイゼーション・イノベーション（新しい組織の実現）

イノベーションは①の製品を作るフェーズだけでなく、②～⑤のようなフェーズにおいても起こすことができ、重要であるということを示しています。

とは言え、イノベーションと聞けば、真っ先に頭に浮かぶのは①の「これまでにない要素の組み合わせにより、新たな価値を生み出す製品を作ること」ではないでしょうか。ここでは①に範囲を絞って、具体例をいくつか考察してみたいと思います。因みに、「新結合」を行う際に組み合わせられる要素には、「機能」や「技術」のような具体的なものから、「提

iPhoneは「新結合」の賜物

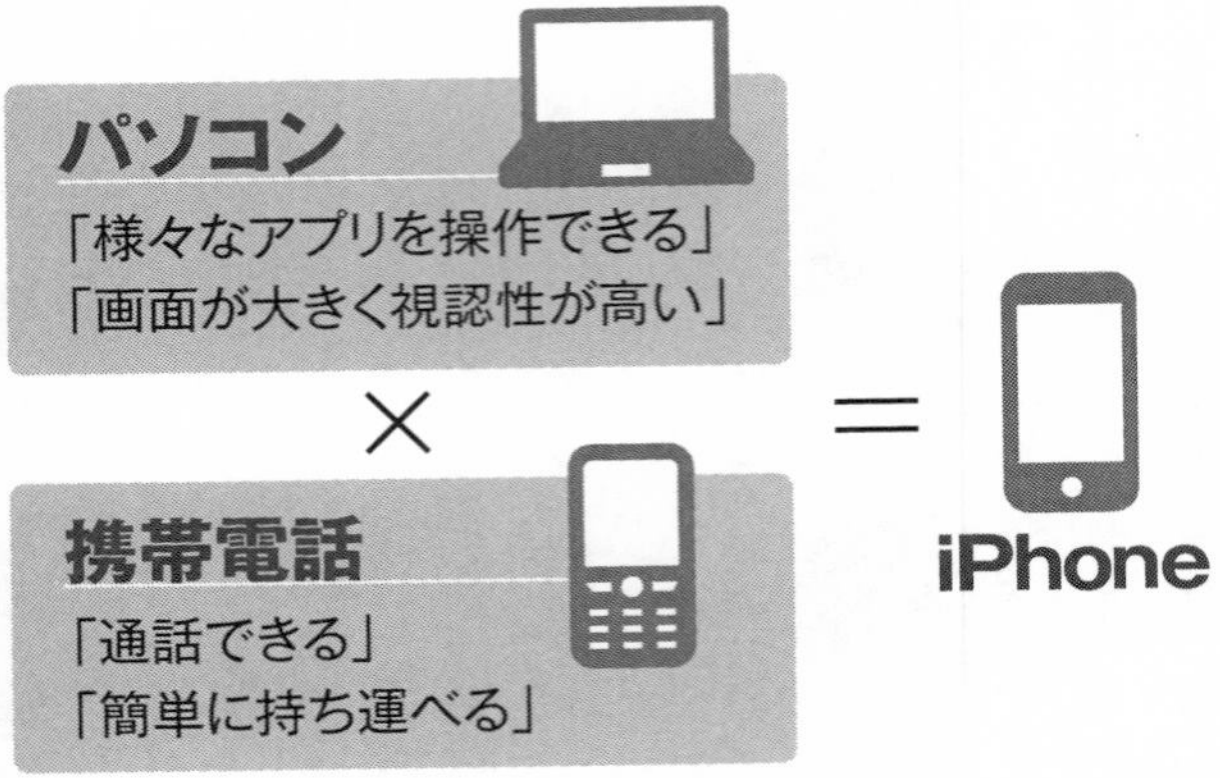

供価値」といった抽象的なものまで幅広く含まれることに注意が必要です。

例えば、iPhoneはパソコンと携帯電話の要素を組み合わせたものです。

具体的にはパソコンの「色々なアプリを楽しめる」「画面が大きく見やすい」といった要素と、携帯電話の「通話できる」「簡単に持ち運べる」といった要素が組み合わさっています。iPhoneが登場するまでは、これらの要素がすべて内包されているサービスは存在しませんでした。その意味で、iPhoneは「新結合」によって生まれたサービスであると言えます。

iPodは、従来のポータブル・オーディオプレーヤーの「音楽を聴ける」「持ち運べる」という要素に加え、「多くの曲を入れられる」「プレイリストを自分で編集できる」という新たな要素を組み合わせました。１９７９年に、ソニーのウォークマンが「音楽を聴ける」という要素に「持ち運べる」という要素を組み合わせてイノベーションを起こした約20年後に、アップルはさらなる新結合により再びイノベーションを起こした形になります。

では、アマゾンはどのような新結合によりイノベーションを起こしたのでしょうか。

アマゾンが登場する前から、世の中にＥＣサイトは存在していました。ところが、サイトで商品をカートに入れた後、会計をするためには毎回クレジットカード情報や送り先住所をフォームに入力する必要があり、非常に手続きが面倒なのが難点でした。

そこでベゾスは、一度クレジットカード情報や送り先住所をシステムに登録すれば、その後はワンクリックで会計を終えられるようにしたのです。これが有名な『1-Click注文』です。アマゾンの特許技術で、２０１７年に特許期限が切れるまで、アマゾンに大きなアドバンテージを与えてきました。すなわち、アマゾンは従来のＥＣサイトがもつ「家から商品を注文できる」「多くの商品から選ぶことができる」という要素に、「面倒な会計手続きをしなくても良い」という要素を組み合わせたのです。最近では、『Amazon Go』というリアル店舗まで展開し、画像認識技術により商品を自動認識して会計するため、ワンクリックすら不要という究極の形にまで進化しようとしています。

アマゾンはこの他にも、前述の当日配送システムなどの物流網の構築によって「すぐに商品を届けてくれる」という重要な要素を組み合わせるなど、常に新結合によりイノベーションを起こし続けています。

『Uber』などのタクシー配車サービスも、「面倒な手続きをしなくても良い」という要素を既存サービスの要素に組み合わせる形で生まれたサービスです。

以前はタクシーに乗るためには道端で手を挙げて空車を探すか、タクシー会社に直接電話をかけるしかありませんでした。乗ってからも、口頭で行き先を伝えなければなりませんでしたし、到着時刻や料金の概算も別途調べる必要があり、降車時の会計も面倒でした。

ところがUberを使えば、アプリで行き先を指定して1タップですぐにタクシーを呼ぶことができ、大まかな到着予想時刻や料金も表示され、登録したクレジットカードで自動決済されるため会計手続きも不要です。すなわち、Uberは「タクシーを簡単に呼べる」「行き先を簡単に伝えられる」「到着予想時刻や料金を知ることができる」「面倒くさい会計手続きをしなくても良い」という要素を既存のタクシーサービスに組み合わせたのです。

最後に、テクノロジーサービスとは少し距離のある新結合の例を挙げます。

前述したとおり、イノベーションとは必ずしも技術分野に限定されません。最近人気の「グランピング」というアウトドアスタイルをご存知でしょうか。グランピングとは、〝Glamorous（魅力的な）〟と〝Camping（キャンプ）〟を合わせた造語です。テント設営や食事の準備などの煩わしさから旅行者を解放した「リゾート感覚で快適に楽しむキャンプ」と言えます。

従来のキャンプの魅力である「大自然を楽しむ」「非日常感を楽しむ」という要素に、「テントなど持参せず手軽に行ける」「食事の用意や片付けをしなくて良い」「綺麗なお風呂やベッドが用意されている」という要素を組み合わせることで、これまでキャンプに興味があっても心理的ハードルが高かった層を一気に取り込みました。グランピングは、今世界的なブームとなっています。

このように、既存サービスが持っている要素に新たな要素を組み合わせることで、業界に大きなインパクトを与えるサービスを作ることができます。

しかし、ここで注意が必要なのは、何でもかんでも新たな要素を組み合わせれば良いわけではない、ということです。

既存サービスに新たな要素を組み合わせることで、顧客にとっての提供価値が飛躍的に向上する場合に初めて破壊的イノベーションが起こります。少しの提供価値向上では「差別化」程度にしかなりません。具体的なイメージとしては、組み合わせによって既存顧客の10人中8〜9人、場合によっては10人全員が「将来的に」新サービスに移行するくらいのインパクトが必要です。

ここであえて「将来的に」と言ったのは、組み合わせる要素が新しく、想定外であればあるほど、顧客が「新結合されたサービスの価値」をすぐにイメージできないからです。

実際、iPhoneが登場してからスマートフォンの価値を皆が理解するまで数年かかったのを覚えている方も多いでしょう。

では、どのようにして結合すべき要素を見つけるか。それこそが「デザイン思考」の本質とも言えるものです。そしてそれは「顧客への共感」からしか見つけられないものなのです。

デザイン思考の「5ステップ」

本書のテーマである「デザイン思考」について、既存の問題解決のアプローチとの違いや具体的な思考プロセスについて考察してみます。

デザイン思考とは何か。「デザイナーがデザインを行う過程で用いる特有の認知的活動を指す言葉である。」とされることもありますが、この説明だけで本質をすぐに理解するのは難しいのではないでしょうか。もう少しわかりやすい言葉で表すと、「デザイナーの問題解決のアプローチをビジネスに転用した思考法」と言うことができます。

元々、デザインという言葉には「問題解決」という要素が含まれています。日本ではアートとデザインが混同されがちですが、アートは何かしらのアウトプットで「自己表現」を行うことを目的としますが、デザインは達成したい目的や創りたい世界観を実現するためにアウトプットを出す「問題解決」のための活動です。

具体的な例で説明しましょう。ある会社が自社のロゴデザインをリニューアルするためにデザインを発注したとします。同じデザイナーという肩書をもっていたとしても、マインドセット（思考様式）がアーティストタイプの人は、「私は黒と白だけを使ったシンプルなデザインが好きなので、このロゴをデザインしました」と提案してくるかもしれません。まさに自己表現のためのアートです。

一方で、本当のデザイナーと言える人は、「貴社のブランド戦略をお聞きしたところ、顧客にはこのロゴを見たときに温かい印象をもってもらうのが適切だと考え、暖色系のカラーでデザインを仕上げました」と提案してくるでしょう。

この例を見てわかるように、デザイナーにとってデザインとはあくまで問題解決のための手段であり、デザイン自体が目的ではありません。デザイナーという肩書で仕事をしている人の中には、この「問題解決」という視点が欠落しているアーティストタイプの人も多くいます。何かしらの問題解決をしたいと思って発注をしている企業側と達成したい目的が共有できず、多大なコミュニケーションコストがかかってしまうという問題が頻発するのは、このような理由からです。

次に、従来のコンサルティングファームが企業から請け負ってきた問題解決との違いについて説明します。一般的に企業がコンサルティングを依頼する際には、既に何かしらの問題を認識し、その解決策を探しているケースがほとんどです。

一方で、デザイン思考における問題解決とは、顧客企業自身も問題を認識していない、または問題を定義できていない状態において、「現状では問題がない（または、ないように感じる）かもしれないが、もっとこうすれば良くなりますよ」という潜在課題に対してアプローチを行っていくものです。

デザイナーが、達成したい目的や創りたい世界観を実現するためにアウトプットを出すと述べましたが、デザイン思考とは「今よりもっと良い、理想の世界観やユーザー体験（UX）」をイメージしてから、それを実現するためのサービスを考えよう、という考え方です。

そういった意味では、従来のコンサルティングが一般的な問題解決だとすると、デザイン思考とは「創造的問題解決」であり、理想からの逆算思考で行うアプローチとも言えます。「創造的」と付いているのは、まずは理想の状態をデザイン（創造）する必要があるからです。近年は、コンサルティングファームもデザインファームを買収するなど、従来の問題解決だけでなく、デザイン思考による問題解決の領域に参入し始めています。

では、デザイン思考とは具体的にどのようなステップで進めていけば良いのでしょうか。代表的なものに、スタンフォード大学の『d.school』が提唱する5つのステップがあります。

① 共感
② 問題定義
③ 創造
④ プロトタイプ
⑤ テスト

以上の5つを順に行うというものです。

デザイン思考とは「創造的問題解決」であると述べた通り、取り組むべき問題自体が最初から明確になっているわけではありません。しかも、その問題は潜在課題であるため顧客自身も言語化できないケースがほとんどです。したがって、顧客に問題を定義させるのではなく、想定顧客の行動を観察したり、インタビューを通じて顧客のインサイト（本音）を発見し、サービス開発者側で問題を定義する必要があります。

その際に重要となるのが「共感」です。ここで言う「共感」とは、英語の「Empathy」にあたり、他者の感情を深く理解して分かち合うことを指します。他者への「同情（Sympathy）」ではありません。あたかも憑依したかのように本当にその人になりきって考えることが「問題定義」のためには不可欠で、「デザイン思考は共感から始まる」と言われる所以はここにあります。

問題定義を行った後は、実際に問題を解決するためのアイデアを考える必要があります。それが「創造」のステップです。定義した問題は多くの場合は簡単には実現できないものばかりです。なぜなら、簡単に解決できるような問題であれば既に他のサービスで解決されている可能性が高いからです。トレードオフの関係にあるニーズの実現や課題の解決は難解な問題ですが、そのような問題解決に有効なのが後述する「統合思考」や「転換思考」です。これまでになかった価値の組み合わせや発想の転換を行うことで、これまで誰も思いつかなかった方法で解決するアイデアを生み出すのです。

因みに、統合思考や転換思考は「創造」のステップだけでなく、「問題定義」のステップでも有効です。統合思考を活用することで、より共感度と未解決度の高い良質の問題に昇華させたり、転換思考を活用することで「解くべき問題」の転換を行うことも非常に重要です。

問題を解決できるアイデアを思いついた後は「プロトタイプ（試作品）」の作成です。なぜ、顧客にアイデアを披露する前にプロトタイプを作る必要があるのか。それは、顧客はまだ世の中にないサービスを正しくイメージできないからです。しかも、アイデアが革新的であるほど顧客はアイデアレベルではそのサービスの利用体験を正しくイメージできず、問違ったフィードバックを行ってしまいます。

フィーチャーフォンしかなかった時代にスマートフォンのアイデアを話しても、多くの顧客は正しくフィードバックできなかったでしょう。したがって、まずはサービスの魅力が最低限伝わるプロトタイプを作成し、実際にサービスを触ってもらうことが大切になります。この段階では、サービス全体が完成している必要はなく、そのサービスならではの独自性の高い価値の部分だけ検証できれば充分です。触ってもらうものを作る時間やコストがかけられない場合など、最悪の場合は紙芝居でも構いませんが、最低限ユーザー体験のストーリーが明確に描かれている、顧客が利用イメージしやすいものである必要があります。そのユーザー体験やストーリーまで深く顧客に理解してもらうことができ、それ自体が魅力的であれば、「あなたのアイデアを聞いたときには全く意味がわからなかったけど、実際触ってみるとやっと魅力がわかったよ」と言ってもらえる確率が高まります。

そして「テスト」です。プロトタイプを作って顧客からフィードバックをもらいますが、多くの場合は最初から最高のフィードバックをもらえるわけではなく、通常は多くの改善

デザイン思考の5ステップ

共感	＝ 相手の立場に「なりきる」
問題定義	＝ インサイト（本音）を発見する
創造	＝ 問題解決のアイデアを出す
プロトタイプ	＝ イメージ、認識を共有できるものを作る
テスト	＝ フィードバックを受ける

点があらわになります。問題定義から間違えている場合や、問題定義は良いが解決アイデアが良くないケースなど様々です。テストの段階で重要なのは、どのステップに問題があったのか、どのステップからやり直せば良いかを明確にすることです。

このデザイン思考の5つのステップは一周しておしまいでなく、何度もサイクルさせながら改善していく必要があります。そう言った意味では「テスト」は最後のステップではなく、次のサイクルの「共感」の1つ前のステップとも言えます。

「創造力」とは何か

「創造力」とは何でしょうか。イノベーションを新結合とするなら、創造力は「新結合力」と言い換えられます。

すなわち、「これまで組み合わせたことのなかった要素同士を組み合わせることで、新たな価値を創造する力」ということになります。

あのジョブズも、「創造力とは、いろいろなものをつなぐ力だ。一見すると関係のないように見えるさまざまな分野の疑問や課題、アイデアやひらめきを上手につなぎ合わせる力だ」（『スティーブ・ジョブズ　驚異のイノベーション』カーマイン・ガロ著、日経BP社）と語っています。

よくビジネスの世界においては、新しいアイデアを思いついてビジネス化することを「ゼロ・トゥ・ワン」と言います。しかし、この表現はあたかも全くの「ゼロ＝無」から「ワン＝有」を生み出すような印象を与えてしまいます。

あくまでこれはビジネスにおけるフェーズを表しているに過ぎず、決して「無」から「有」が生み出されるということを意味しているのではありません。何もないところから突然、新しいコンセプトを生み出すということは、人の脳の仕組みから考えて不可能です。

新しいコンセプトを考え出すとは、脳の中に無数の知識や経験が既にインプットされているときに、それらを「新しい組み合わせ」として「新結合」させるという思考行為なのです。知識や経験がないと、そもそも組み合わせることができません。したがって、良いアウトプットを行うためには、まずは良いインプットが必要となります。

　インプットは様々な学習や経験を通じて蓄積できることは容易にイメージできると思います。では、この「創造力＝新結合力」は後天的に鍛えられるのでしょうか。答えはイエスです。

　一般的なスポーツをイメージすると良いかもしれません。生まれつき運動神経の良い人は最初からある程度上手くできますが、運動神経の良し悪しに関係なく、きちんとした方法で練習すれば誰でもある程度のレベルまでは上手くなる、というイメージです。

「特定の遺伝的要素」も多少は影響しますが、後天的に鍛えられるというのは多くの研究で実証されている事実です。先行研究から創造力に影響すると結論づけられた要素を簡単に紹介すると、「環境刺激に対する特定の気質」「好奇心」「内発的動機付け」「感受性の高さ」などが挙げられます。これを見ると、先天的なものから、後天的に育むことができるものまでが幅広く創造力に影響を与えていることがわかります。

では、どのようにすれば後天的に鍛えられるのでしょうか。それを理解するためには、脳の仕組みに着目する必要があります。

脳は、大きく分けて、「デフォルト・モード・ネットワーク（DMN）」、「セントラル・エグゼクティブ・ネットワーク（CEN）」、「サリエンス・ネットワーク（SN）」の3つのネットワークをもっています。

DMNとは、これまでに蓄積した記憶や経験をもとに無意識に情報処理や指示出しを行うネットワークです。いちいち考えなくても、毎日通勤している道を間違えなかったり、寝ぼけていても歯磨きができたりするのは、このネットワークが作用しているためです。考えるという行為は脳のエネルギーを消費するため、既に過去の経験として蓄積している行動についてはできるだけ意識的に考えず、脳は省エネで済ませようとします。

次にCENとは、DMNと対極的な状態、すなわち自発的に意識を向け、思考しているときに活発に働くネットワークです。集中して企画を考えたり、本を読んだりしている時にはこのネットワークが活動しています。

最後にSNとは、DMNとCENの切り替えを行うネットワークです。何か注意が必要

脳がもつ「3つのネットワーク」

となった時に作用します。先ほどの例で言うと、通勤中慣れた道を歩いている時に突然車が死角から出てきて危ない状態になった瞬間や、寝ぼけながら歯磨きをしている時に知覚過敏で痛みを感じた瞬間です。この時、脳はＤＭＮからＣＥＮに切り替え、脳のエネルギーを使ってでもきちんと考えて行動するように促します。

脳が３つのネットワークを切り替えるのには理由があります。まず、ＣＥＮを一度にオンにしておける時間には限界があります。ＣＥＮは非常に脳のエネルギーを消費します。そのため、勉強や読書に対して連続して集中できるのはせいぜい数時間ではないでしょうか。しかも、その数時間の中ですら、気がついたらボーッとしてしまっている時間が含まれているはずなので、実質的にはもっと短い時間しかオンにできていません。ボーッとしてしまうことがあっても自分を責める必要はありません。それが脳の仕組みです。脳は、エネルギー消費を抑えるため、平時には省エネの「自動操縦モード」としてDMNを活用しているのです。

しかし、ここで注目すべきことがあります。それはDMN時のパフォーマンスを決めているのが、CEN時の思考や学びの質ということです。前述のように、DMNは、これまでに蓄積した記憶や経験をもとに無意識に情報処理や指示出しを行っています。そのため、CEN時に蓄積した記憶や経験の質が良ければ、DMN時のパフォーマンスも向上するのです。これは、短時間集中して良い思考や学びを深めれば、日常生活のクオリティが自然と向上することを意味しています。

次に、DMNとSNの関係について考察します。CENの質が良ければDMNの質が上がると述べましたが、同様にDMNの質が良ければ、SNの質が上がります。すなわち、良質な記憶や経験を蓄積していれば、DMN時にある事象に遭遇した際に、重要な変化や示唆、違和感に「気づく力」が向上し、SNが作動しやすくなるのです。いわゆるビジネスの〝嗅覚〟がある人というのは、普段から良質な記憶や経験を蓄積している人なのです。

この嗅覚とも言える能力は、1万年以上前に備わった「生き残るための能力」だったと言われています。太古の昔、原野で暮らしていた私たちの祖先は、多くの生命の危機に晒される環境の中で生きていました。天敵にいつ襲われて死ぬかわからない状況下では、この変化や違和感に「気づく力」は最も重要な能力の1つだったに違いありません。そう考えれば、現代は、戦うフィールドがビジネスシーンに置き換わっただけで、この力は今も昔も変わらず生き抜くために欠かせない能力だと言えます。

ではこれらのネットワークをどのように活用すれば、創造力を鍛えられるのでしょうか。

実は、創造力が発揮されている時に使われているのはDMNです。意外に感じる方も多いかもしれませんが、CENを使って、企画などを集中して考えている時には創造的になれないのです。集中して思考していては、自分の意識や常識の範疇を破るような思考ができず、周囲をあっと言わせるような斬新なアイデアを生むことは難しいことを意味します。

しかし、前述のように、DMN時に活用できる情報は、CEN時に蓄積した知識や経験です。したがって、いかに良質な知識や経験をCEN時に蓄積するかが重要となってきます。

そして、良質な知識や経験を充分に蓄積したら、あえてDMNに切り替える努力をします。例えば、シャワーを浴びるとか、散歩に出かけるなど無意識的にできる行動をすれば、DMNが自然に作動します。ふとした時に新しいアイデアを思いついたという経験は、皆さんもおありではないでしょうか。DMN時にはバイアスフリーな状態になりやすいため、「これまで組み合わせたことのなかった要素同士を組み合わせる」という思考を無意識にしやすくなり、「創造力＝新結合力」が向上するのです。

新時代に求められる「課題発見力」と「課題解決力」

ここ数年、企業が取り組まなければならないテーマとして最も注目されているのが、「イノベーション」、「デジタル・トランスフォーメーション（DX）」、「SDGs」、「グリーン・トランスフォーメーション（GX）」などではないでしょうか。これらは企業自身が中長期的に生き残るために避けては通れないテーマです。

これらの取り組みを推進するために共通して必要なのは、企業としての「課題発見力」と「課題解決力」であり、それらを高めるためには社員個人の「課題発見力」と「課題解決力」を高めなければなりません。なぜイノベーション、DX、SDGs、GXが今求められるのか、なぜ「課題発見力」と「課題解決力」が必要とされるのか、考察してみましょう。

まずは1989年（平成元年）における世界の「時価総額ランキング」を見てみましょう。企業時価総額の世界首位はNTTで、それに日本興業銀行、住友銀行、富士銀行、第一勧業銀行が続き、世界のトップ5を日本企業が独占。上位50社を見ても32社が日本企業で、当時の日本の勢いを象徴しています。

一方、2019年（令和元年）のランキングでは世界首位はアップル、それにマイクロソフト、アマゾン、アルファベット（旧グーグル）、ロイヤル・ダッチ・シェルが続き、上位50社に日本企業でラインクインしたのは43位のトヨタ自動車のみという結果でした。この結果を見るだけでも、平成が「失われた30年」と言われる理由がわかります。

時価総額とは違う尺度で考えてみましょう。ニューヨークに拠点を置くビジネス雑誌『Fortune』は、世界の企業の「売上高ランキング」を毎年発表しています。テック企業が時価総額ランキングで上位を占めた2019年を見ると、アップルが11位、アマゾンが13位、アルファベットが37位、マイクロソフトが60位に対し、トヨタ自動車はこれらの企業を抑えて10位と健闘しています。時価総額ランキングとは全く違う景色です。

なぜ、売上高ではGAFAM（Mはマイクロソフト）と言われる企業に勝っているにもかかわらず、時価総額では大きく差を付けられてしまっているのでしょうか。

その要因として、イノベーションへの期待値の低さやDXの遅れが挙げられます。企業の現在の売上高は、その企業が過去に起こしたイノベーションの結果であり、遅行指標となります。一方で、時価総額はその企業の将来性を表しており、その企業の起こすイノベーションへの期待値が高いほど時価総額は高くなる傾向があります。したがって、「時価総額／売上高」で求められる「株価売上高倍率」（PSR）を計算すれば、その企業は今後どれくらい成長すると市場から期待されているかを知ることができます。この数字は日本

時価総額ランキング 1989年（平成元年）

順位	企業名	国・地域名
1	NTT	日本
2	日本興業銀行	日本
3	住友銀行	日本
4	富士銀行	日本
5	第一勧業銀行	日本
6	IBM	アメリカ
7	三菱銀行	日本
8	エクソン	アメリカ
9	東京電力	日本
10	ロイヤル・ダッチ・シェル	イギリス※
11	トヨタ自動車	日本
12	GE	アメリカ
13	三和銀行	日本
14	野村證券	日本
15	新日本製鐵	日本
16	AT&T	アメリカ
17	日立製作所	日本
18	松下電器	日本
19	フィリップ・モリス	アメリカ
20	東芝	日本
21	関西電力	日本
22	日本長期信用銀行	日本
23	東海銀行	日本
24	三井銀行	日本
25	メルク	ドイツ

順位	企業名	国・地域名
26	日産自動車	日本
27	三菱重工業	日本
28	デュポン	アメリカ
29	GM	アメリカ
30	三菱信託銀行	日本
31	BT	イギリス
32	ベル・サウス	アメリカ
33	BP	イギリス
34	フォード・モーター	アメリカ
35	アモコ	アメリカ
36	東京銀行	日本
37	中部電力	日本
38	住友信託銀行	日本
39	コカ・コーラ	アメリカ
40	ウォルマート	アメリカ
41	三菱地所	日本
42	川崎製鉄	日本
43	モービル	アメリカ
44	東京ガス	日本
45	東京海上火災保険	日本
46	NHK	日本
47	アルコ	アメリカ
48	日本電気	日本
49	大和証券	日本
50	旭硝子	日本

時価総額ランキング 2019年（令和元年）

順位	企業名	国・地域名
1	アップル	アメリカ
2	マイクロソフト	アメリカ
3	アマゾン	アメリカ
4	アルファベット	アメリカ
5	ロイヤル・ダッチ・シェル	オランダ※
6	バークシャー・ハサウェイ	アメリカ
7	アリババ	中国
8	テンセント	中国
9	フェイスブック	アメリカ
10	JPモルガン・チェース	アメリカ
11	ジョンソン・エンド・ジョンソン	アメリカ
12	エクソン・モービル	アメリカ
13	中国工商銀行	中国
14	ウォルマート	アメリカ
15	ネスレ	スイス
16	バンク・オブ・アメリカ	アメリカ
17	VISA	アメリカ
18	P&G	アメリカ
19	インテル	アメリカ
20	シスコ・システムズ	アメリカ
21	マスターカード	アメリカ
22	ベライゾン・コミュニケーションズ	アメリカ
23	ウォルト・ディズニー	アメリカ
24	サムスン電子	韓国
25	台湾セミコンダクター・マニュファクチャリング	台湾

※ロイヤル・ダッチ・シェルは長らくイギリスとオランダに本社機能が分かれていた。

順位	企業名	国・地域名
26	AT&T	アメリカ
27	シェブロン	アメリカ
28	中国平安保険	中国
29	ホーム・デポ	アメリカ
30	中国建設銀行	中国
31	ロシュ	スイス
32	ユナイテッドヘルス	アメリカ
33	ファイザー	アメリカ
34	ウェルズ・ファーゴ	アメリカ
35	ボーイング	アメリカ
36	コカ・コーラ	アメリカ
37	ユニオン・パシフィック	アメリカ
38	チャイナ・モバイル	中国
39	中国農業銀行	中国
40	メルク	ドイツ
41	コムキャスト	アメリカ
42	オラクル	アメリカ
43	トヨタ自動車	日本
44	ペプシコ	アメリカ
45	LVMH	フランス
46	アンハイザー・ブッシュ	ベルギー
47	HSBC	イギリス
48	ノバルティス	スイス
49	フォメント・エコノミ・メヒカノ	メキシコ
50	ネットフリックス	アメリカ

の大手企業の場合は1倍前後であるのに対し、ＧＡＦＡＭのようなビッグテックと言われる企業は5〜10倍程度となっており、ＧＡＦＡＭは日本企業に比べてイノベーションへの期待値が非常に高いことがわかります。

また、ＧＡＦＡＭのようなテック企業の時価総額が高い理由は、その利益率の高さにあります。２０２０年7月時点の自己資本利益率（ＲＯＥ）は、日本企業が平均５・５％に対して米国企業は11・９％となっており、全体でも米国企業は日本企業に対して2倍も効率よく利益を出していることがわかります。ＧＡＦＡＭに至っては、グーグル32・１％、アップル１４７・４％、メタ（旧フェイスブック）31・１％、アマゾン28・８％、マイクロソフト47・１％となっており、ほぼ同時期（２０２1年3月期）のトヨタの10・２％を大きく上回っています。

このように利益率に大きな差が出るのはＤＸの進捗の違いも大きな要因です。ＤＸとは一言で表すと「デジタル技術を活用したイノベーション」であり、イノベーションの一形態と言えます。前述したように、イノベーションは技術分野に限りません。

デジタル技術を活用すれば、プラットフォームビジネスのような非常にスケーラビリティ（拡張性）があり、高利益率のビジネスモデルの構築が可能となります。実際、ＧＡＦＡＭは各事業領域でグローバルな巨大プラットフォームを構築しています。日本企業の場合、ビジネスモデルがアナログで数十年間大きく変わっていないものも多く、今後ＤＸの推進によりビジネスモデルの変革が必要となってきます。

経済産業省が２０１８年に作成した「ＤＸ推進ガイドライン」によると、ＤＸとは「企業がビジネス環境の激しい変化に対応し、データとデジタル技術を活用して、顧客や社会のニーズを基に、製品やサービス、ビジネスモデルを変革するとともに、業務そのものや、組織、プロセス、企業文化・風土を変革し、競争上の優位性を確立すること」と定義されています。まだまだ日本の企業の多くが、ＤＸを単なるデジタル化（デジタイゼーション）と混同しているケースが多く、本当の意味のＤＸを推進できている企業はわずかです。

このガイドラインをもう少し平易に表現すると、前半は「顧客や社会の課題を発見したら、デジタル技術を使って解決するビジネスモデルを構築してください」。後半は「デジタル技術をベースにビジネスを考えられる人を自社内で育成することで、社内のオペレーションや組織、企業文化自体も変革して、競争力を高めてください」と言い換えることができます。特に後半は人材育成の要素を多分に含んでおり、社員の「課題発見力」と「（デジタル技術を活用した）課題解決力」の育成が、DXを推進するうえでいかに重要かがわかります。

SDGsやGXも企業にとっては注目度の高いテーマです。

SDGs（持続可能な開発目標）は、2015年9月の国連サミットにおいて加盟国の全会一致で採択された「持続可能な開発のための2030アジェンダ」に記載されました。2030年までに持続可能でより良い世界を目指す国際目標であり、17のゴールと169のターゲットから構成されます。17のゴールは、具体的には次のものです。

▼貧困をなくそう
▼飢餓をゼロに
▼すべての人に健康と福祉を
▼質の高い教育をみんなに

▼ジェンダー平等を実現しよう
▼安全な水とトイレを世界中に
▼エネルギーをみんなにそしてクリーンに
▼働きがいも経済成長も
▼産業と技術革新の基盤をつくろう
▼人や国の不平等をなくそう
▼住み続けられるまちづくりを
▼つくる責任つかう責任
▼気候変動に具体的な対策を
▼海の豊かさを守ろう
▼陸の豊かさも守ろう
▼平和と公正をすべての人に
▼パートナーシップで目標を達成しよう

そして、地球上の「誰1人取り残さない（leave no one behind）」ことを誓っています。

17のゴールはあくまで目標です。169のターゲットではより詳細な目標が提示されているものの、これも目標であって、具体的な「課題」が提示されているわけではありません。これらの目標を達成するためには、具体的に誰のどんな課題を解決すれば良いのか、各企業が考えて取り組まなければなりません。特に、地球上の誰1人取り残さないと誓っている以上、誰が取り残されているのかという視点からも考察が必要となります。また、支援すべき対象と解決すべき課題が決まれば、その解決に取り組まなければなりません。

このように、SDGsに本気で取り組もうとすれば、企業や社員に高いレベルの「課題発見力」と「課題解決力」が求められるのです。

GXも同様です。2020年10月、日本政府は2050年までに温室効果ガスの排出を全体としてゼロにする「カーボンニュートラル」を目指すことを宣言しました。これを実現するためには経済社会システム全体の変革（GX）が必要となります。

しかし、カーボンニュートラルは国としての目標であって、それ自体は各企業が解決すべき具体的な課題を提示しているわけではありません。どんな課題に具体的に取り組めば良いのか、どうやって課題を解決するのか、各企業が独自に考えて取り組まなければなりません。その際には、SDGs同様、高いレベルの「課題発見力」と「課題解決力」が企業や社員に求められます。

最後に、AI共存時代と言われるこれからの時代に、なぜ「課題発見力」が特に必要となるのかに少し触れたいと思います。

皆さんは、AIが得意なことと、苦手なことが何かご存知でしょうか。

AIは解くべき課題を与えられた時に、その解決策を見つけるのは非常に得意としています。過去に起こった事象のありとあらゆるパターンを分析し、今の状況に照らし合わせて最も良いと推測される解決策を提示します。この計算では人間がもはや勝てる余地はありません。1997年に、チェスの世界チャンピオンであったガルリ・カスパロフが、IBMのAI『Deep Blue』に敗れました。相手から奪った駒を使用できるためチェスよりずっとルールが複雑な将棋でさえ、2017年に将棋界の最高峰・佐藤天彦名人がAIに敗北しました。キングを詰めたり、王将を取ったら勝ち、という「解くべき課題」を与えられた時、相手の攻めに対してどの駒をどの順に動かせば最も勝つ確率が高いかを過去データをもとにリアルタイムに再計算して最適化できるのがＡＩで、人間の頭で考えられるパターンを遥かに凌駕します。

しかし、ＡＩがとても苦手なことがあります。それは、「キングを詰めたり、王将を取ったら勝ちというゲームが面白い」ということに気づけないということです。「解くべき課題」を設定する力、すなわち「課題発見力」をもっていないのです。その理由は、ＡＩには人の感情を理解できないからです。さらに言うと「共感力」をもっていないからです。このＡＩの「課題発見力」という弱点が、ＡＩ共存時代における人間の最後の強みとなります。だからこそ、これからの時代は「共感」をもとに「課題を見つける力」が重要となるのです。

しかしこれまでの日本においては、課題が与えられた時に解決策を考えさせる「課題解決力」を高める教育ばかりが行われてきました。

そのため、自ら課題を設定して取り組む力が極めて弱く、これがＡＩ共存時代において大きなディスアドバンテージとなりかねません。そうした背景も踏まえて、日本においても2022年度から高校の授業で「総合的な探究の時間」がスタートしました。この授業は、生徒自らが課題を設定し、探究活動を行うことを目的として取り入れられたもので、「課題解決力」だけでなく、これからの時代に必要な「課題発見力」を育成していこうという国の姿勢が垣間見えます。

「反対9割」こそが良いアイデア

何かアイデアを思いついた時、周りの人や会社の同僚にあなたのアイデアを話すことがあると思います。その時、「そのアイデアすごく良いね」と皆から称賛された時、「このアイデアは良いアイデアなんだ」と確信を得るかもしれません。

しかし、皆から良いと言われるアイデアは、本当に良いアイデアではない可能性が高いのです。これは、直感に反するものです。ペイパルの創業者で著名な投資家であるピーター・ティールは、「多くの人が賛成しない大切な真実を見つけよ」と言っています。これは、「本当に良いアイデアは多くの人にとって理解できない。なぜなら、本当に良いアイデアはあなただけが知っている秘密（＝真実）を含んでいなければならないから。皆が理解できる（＝秘密がない）という時点で良いアイデアとは言えない」ということを意味しています。

今でこそ世界を代表する企業であるグーグルも、最初に資金調達を成功させるために、短いプレゼンテーションであるピッチを３５０回もしなければならなかったのは有名な話です。

今や時価総額10兆円を超える巨大企業『Airbnb（エアビーアンドビー）』の創業秘話も私たちに示唆を与えてくれます。創業者であるブライアン・チェスキー、ネイサン・ブレチャールチク、ジョー・ゲビアの３人は、最初は未上場の新興企業を対象にした投資ファンドであるベンチャーキャピタル（ＶＣ）からの資金調達にすべて失敗して、クレジットカードの借金からスタートしています。

なぜＶＣから資金調達できなかったか。それは、ＶＣが「人が見ず知らずの他人と部屋を喜んで共有するなんてバカげた考えだ」と思ったからです。世界的に著名なＶＣですら、「本当に良いアイデア」を見極めるのは難しいことを示すエピソードです。しかし、どれだけＶＣから出資を断られてもAirbnbの創業者たちは自分たちのアイデアを信じ続けました。

なぜ信じ続けることができたのか。彼らは２００７年にサンフランシスコで開催されたインダストリアルデザイン会議に参加するデザイナー向けに、エアベッド（AirBed）と朝食（Breakfast）を用意して自分たちの部屋を一泊80ドルで貸し出した経験がありました。これがAirbnbの名前の由来となっています。そして、その時の「赤の他人と経験した共同生活」が彼らにとって素晴らしい経験となり、自分たちだけが知っている秘密となりました。その素晴らしさを世の中の人たちはまだ経験していないだけで、「もし実際に経験すれば、きっと多くの人がその素晴らしさに気づくだろう」という確信を彼らはもっていたのです。

フィーチャーフォン全盛時代にiPhoneが出てきた時にも同じようなことが起こっていました。まだiPhoneを持っていない人が、iPhoneを使っている人に向かって、「そんな機能要らなくない？」と言っていたのを思い出します。人は経験しないとその良さがわからないのです。当たり前のような話ですが、多くの人は経験していないにも関わらず、自分の頭の中の想像だけで良し悪しを判断しがちです。デザイン思考には「まずはプロトタイプを作りましょう」というステップがありますが、これはできる限り、「経験の差」という情報の非対称性、つまり「片方は知っていて、もう片方は知らない状態」をなくそう、という意図があります。

その点、サービスを利用したことがなくとも最初から誰もが良いというアイデアは、誰もが理解できるアイデアということを意味しており、そのような場合には既にこれまで世の中の多くの人が事業化に挑戦し、「何らかの理由」で実現できていない場合が多く、あまり良い結果に結びつかない可能性が高いのです。

もちろん、その「何らかの理由」が、現在の技術では実現不可能だったという理由だけであれば、進歩によって技術レベルが向上したり、新たな技術が発明されることにより、実現可能になるかもしれません。

しかし、この場合ですら、「多くの人が賛成しない、大切な真実」のアイデアのほうが大きな成功を摑める可能性が高くなります。なぜなら、誰もがたどり着けるニーズとソリューションをベースとした事業は、競争環境が激しくなるからです。ピーター・ティールは、「競争した時点で負け」とも語っています。競争環境が激しくなると、競争に勝ち残れる可能性が確率的に減るだけでなく、たとえ上手くいったとしても価格競争に巻き込まれて、勝ち残った末の利潤がほとんど残っていない状態になってしまうためです。重要なのは、「ナンバーワン」ではなく「オンリーワン」になることで、市場を独占することです。これも、ピーター・ティールは著書『ゼロ・トゥ・ワン 君はゼロから何を生み出せるか』（NHK出版）の中で何度も繰り返しています。

「オンリーワン」になるためには、経験しなければその素晴らしさに気づけないアイデアに取り組むべきです。実際にでき上がったサービスを体験するまで多くの人がその素晴らしさに気づけないため、競合の参入がほとんどない状態でサービスをブラッシュアップし続けることができます。そして、実際に世の中の人々がその素晴らしさに気づいた瞬間には、あっと言う間に市場を独占してしまいます。競合の大手企業が資金を潤沢にもっていたとしても、事業化には最低数年かかるため、サービスを完成させた時には既に市場は独占されてしまっており、参入の障壁が極めて高くなっています。資金力、顧客基盤、人的リソースで劣るスタートアップが大手企業に打ち勝ち、巨大企業になるためにはこの方法が最も近道なのです。

では「多くの人が賛成しない大切な真実」を見つけるためには、どうすれば良いでしょうか。Airbnbの創業者たちの場合には、自分たちの部屋を実際に貸し出し、その体験の素晴らしさに気づきました。

何かアイデアを思いついたら、その良し悪しを最終的に判断する前に、まずはそのアイデアが実現しようとしているユーザー体験（UX）の擬似体験をしてみる、というのがお勧めです。簡単なアプリを実際に作って検証してみても良いかもしれません。これは、デザイン思考におけるプロトタイピングのステップにあたります。実際に体験してみると、アイデア段階で想定していたUXと全く異なる体験に遭遇するということが多々あります。それは、思っていたより「良い」というものもあれば、「悪い」というものもあるでしょう。いずれにせよ、体験しなければそのアイデアの「強み」と「弱み」はわかりません。人間はアイデアを聞いただけですべてのUXをイメージできるほど優秀にできていないからです。

もし、あなたの会社における新規事業の投資判断が、そのサービスに触れたこともない役員陣によって事業計画だけを見て行われているとしたら、そのような意思決定プロセスは即刻見直すべきかもしれません。本当の事業アイデアの価値は実際にサービスを使ってみた時のUXに潜んでいます。その「秘密」が明かされないまま、本当に良いアイデアは「多くの人に賛成されない」ため、お蔵入りとなってしまうのです。

結果として、選ばれるのは「誰にでもわかる凡庸なアイデア」となり、いくら凡庸なアイデアを磨いたところで大きな成功は望めません。それはダイヤの原石ではないからです。

最後に、「良いアイデア」が最低限満たすべき条件について考えてみたいと思います。世の中の「良いアイデア」には様々なものがありますが、ここで示す条件はすべての良いアイデアが満たすべき汎用的なものです。

① ターゲットとなる顧客のニーズを捉えていること
② その顧客ニーズはまだ他の方法で実現できていない（または、一部は実現できていても顧客は充分に満足していない）こと

③　提示するソリューションが顧客のニーズを満たすのに有効であること
④　提示するソリューションが技術的に実現可能であること

①と②はニーズに関するもので、ニーズの強さ、未実現度、③と④はソリューションに関するもので、ソリューションの有効性、実現可能性を表しています。

よくビジネスアイデアを他者に説明する時には、人は強いニーズがあることを前提にソリューションの素晴らしさをプレゼンしがちです。しかし、スタートアップが事業で失敗する理由は、「ニーズがあると思っていたが、実際にはなかった」が一番多かったという調査データもあり、競合に負けたわけでもなんでもなく、単に「人が欲しがらないものを作っていた」ということになります。

前述の「多くの人が賛成しない大切な真実」も主にニーズに関するもので、こちらは一見ニーズがなさそうだが、経験したら顧客自身がニーズに気づくアイデアを見つけましょう、と言っています。いずれにせよ、顧客ニーズの存在、深さ、潜在性は事業で大きな成功を掴むために不可欠な要素です。そのようなニーズが見つかって初めて、ソリューションを考えていきます。

そこで、重要なのが「新結合」です。これまで組み合わせたことのない要素を組み合わせることで、ニーズを満たすソリューションが見つかるかもしれません。もし、既存のシーズ（技術などのアセット）をどれだけ組み合わせてもニーズを満たすことができない時には、そのニーズを満たすために研究開発を行うのも手です。ニーズを満たすという目的ありきの研究開発はあるべき正しい姿です。また、自社で要素技術の開発を行うリソースをもたない場合は、そのような技術をもつ会社と協業してソリューション開発を行うのも1つの選択肢です。昨今、オープン・イノベーションが注目されているのもこのような理由で、日本企業も自前主義から脱却することが大きな成功を手にするために必要なのかもしれません。

第二章

始まりは「ニーズ」に

まずは「問い」を〝立てる〟ところから

世の中でよく使われる言葉に、「問題」「課題」「ニーズ」があります。これらの言葉の微妙な意味の違いについて、皆さんは正確に答えられるでしょうか。きちんと答えられる人は少ないかもしれません。

まず、「問題」は理想の状態と現状とのギャップを指します。「課題」はそのギャップを埋めるために取り組むべき事柄です。

あるガジェットを製造する際に、目標となる重量は100g以下だったとします。しかし、実際にでき上がってきたものが120gだった場合、「目標よりも20g重い」というのが「問題」であり、「製造方法や素材を変更して、あと20g軽くする」というのが取り組むべき「課題」です。

次に、「ニーズ」は「人間の生活上必要な充足感が奪われている状態」において、理想と現実とのギャップを埋めたい「欲求」から生まれます。ギャップを埋めたいがために発生する感情なので、「〜したい」「〜したくない」という言葉で表現されます。課題もニーズも、「ともに理想とのギャップ」を埋めるためのものであるという点では類似しています。

一方で、ニーズと混同されるものに「ウォンツ」があります。ウォンツは、「～が欲しい」と表現されるもので、既に具体的な製品やサービス自体を指しており、「顧客が自分のニーズを満たすと考えているソリューション」を意味します。ニーズが満たすべき「目的」だとすると、ウォンツはニーズを満たすための「手段」です。顧客が特別にクリエイティブな人物でない限り、顧客の口から発せられるウォンツは「既に世の中に存在するソリューション」であり、新たなイノベーションをもたらすものではありません。大切なのは、顧客からウォンツがあった場合には（「～が欲しい」という言葉が出てきた時には）、そのものを提供するのではなく、そのウォンツの裏に潜んでいるニーズを見つけ出し、そのニーズを満たすために最適なソリューションを「新結合」により生み出し提供することです。

その時に重要となるのが「問い」です。ある顧客が「一拭きで汚れが取れる液体洗剤が欲しい」と言ったとします。この場合、具体的な商品名が含まれていても構いません。これは「ウォンツ」です。このようなウォンツを耳にしたら、問いを立ててみます。

「なぜこの顧客は一拭きで汚れを取れる液体洗剤が欲しいのだろう?」

すると、「今使っている液体洗剤ではすぐに汚れがきれいに取れない」という問題に気づきます。そして、さらに問いを立てます。

「この事象を問題と感じる裏には、どのような満たされない欲求があるのだろうか?」

すると、その裏には「時間をかけずに、きれいにしたい」という欲求があり、それが満たされていないことに気づきます。この「欲求を満たしたい」という気持ちが顧客ニーズです。「時間をかけずに、きれいにしたい」という欲求とニーズさえ満たせば、それはもはや液体洗剤でなくても良いかもしれません。したがって、取り組むべき課題は、「今の液体洗剤を使うよりも、きれいにできるソリューションを見つける(液体洗剤でなくても良い)」ということになり、次に考えるべき問いは、「液体洗剤以外に顧客ニーズをダイレクトに満たせるソリューションはないか?」となります。

このように、顧客からのウォンツをもとに適切な問いを立て、顧客ニーズを見つけることが重要となります。

この例で、「一拭きで汚れを取れる液体洗剤が欲しい」を顧客ニーズだと捉えてしまった場合、「どのような成分を混ぜて液体洗剤を作れば良いだろう」という狭い思考の枠に囚われてしまい、革新的なソリューションが生まれる可能性を狭めてしまいます。イノベーションとは「新結合」なので、当然組み合わせる要素の候補の数が多いほど、新結合により新たな価値が生み出される可能性も高まります。「時間をかけずに、きれいにしたい」というニーズにフォーカスすれば、「そもそも洗わなくても良いものを作れないか?」という問いに行き着くことができます。

その結果生まれたのが、「水だけで油汚れがスルッと落ちるエコ食器」です。これは、食器に「洗わなくても良い」という要素を組み合わせたものです。デザイン思考においては、顧客の声をそのまま実現しようとするのではなく、その裏に潜んでいる顧客ニーズを理解したうえで解くべき課題を「再定義」し、その課題をダイレクトに解決できる最適な

なぜニーズにフォーカスすべきか

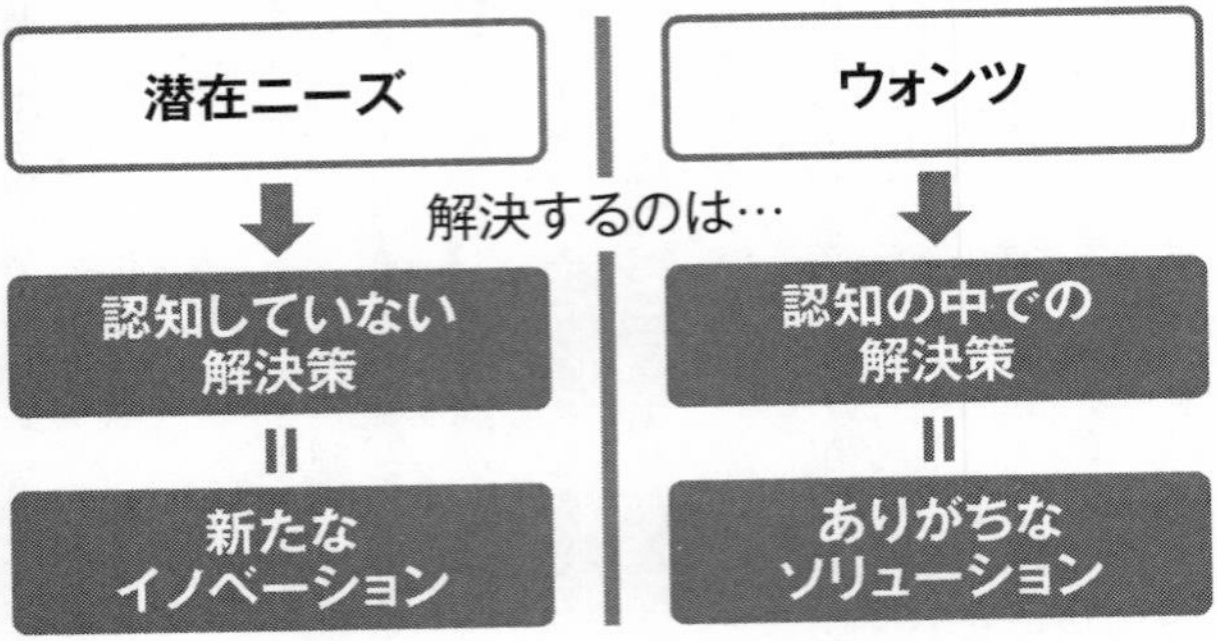

ソリューションを探索します。

顧客ニーズに気づくための方法は他にもあります。顧客の行動を観察することです。顧客の多くは彼らのウォンツをわざわざ企業に伝えてくれません。一説によると、そうしたサイレントカスタマーの割合は9割にもおよぶと言われています。ほとんどの顧客は不満を感じた時には、商品やサービスに対してフィードバックを与えてくれる前に去ってしまうため、企業は主体的に顧客の行動を観察する必要があります。それらは、「顧客の立場になった時に、どんなUXが理想なのか」という観点から行います。

デザイン思考をもとに作られたサービスとして、アマゾンが2018年に7・5億ドルで買収した処方箋デリバリーサービスの『ピルパック』が有名です。ピルパックのCEOで共同ファウンダーのT・J・パーカーは、父親に次ぐ2代目の調剤師であり、顧客の課題を目の当たりにしてきました。4000万人のアメリカ人が毎日5種類以上の薬を服用しているというデータがありますが、アメリカで処方薬を取り巻く仕組みは日本と同様となっており、かかりつけ医に処方箋を出してもらったら、それを持って近所の調剤薬局に足を運ばなければなりません。

この顧客の「面倒くさいUX（ユーザー体験）」を改善できないかと立ち上げられたのがピルパックです。服用する処方薬を定期的に家まで届けてくれます。しかも、薬をボトルごと届けるのではなく、1回の服用分ごとに袋に小分けにして届けてくれ、しかもその袋には、服用する日にちと時間が記載されています。これにより、「薬の飲み忘れ」といった顧客の課題も解決できます。

さらに、顧客にはオンラインの管理画面上で、薬の発送状況、請求額、服用している薬の一覧などを一目で確認できたり、何か疑問や不安があれば調剤師に24時間いつでも問い合わせができる仕組みを提供しています。このように、顧客の立場になって徹底的にUX

をデザインするのが、デザイン思考におけるポイントです。

世界有数の消費財メーカーであるP&Gも、サービス開発にデザイン思考を取り入れて成功を収めたことで有名です。同社の電動歯ブラシ『ブラウン』の開発チームは、当初はIoTを活用したサービスとして、顧客が歯を上手に磨けているかをセンサーにより感知し、磨き方をアドバイスしてくれると同時に、歯肉の敏感性を計測、さらには音楽を流してくれるという、「最新技術を使ってできること」をひたすら詰め込んだ「技術中心のプロダクト」を構想していました。

しかし、ロンドンのインダストリアルデザインファームであるIndustrial Facilityにこの構想をもちかけると、「ユーザー中心のプロダクト」とするよう助言を受けました。その後、ユーザーが抱えている不満が磨き方の改善方法ではなく、「専用の充電器でしか充電できないこと」や「換えのブラシを注文するのを忘れてしまうこと」を突き止め、その不満を解消するために「USBで充電可能」「本体のボタンを押すと、Bluetoothで本体とつながるアプリ上で交換用ブラシのオーダーが自動的にリマインドされる」という機能を組み込んだ商品をラインナップし、結果として大成功を収めました。

この事例は技術ドリブンに考えるのではなく、「ユーザー中心のプロダクト」、すなわち「Human Centered Design（ＨＣＤ）」に基づいてサービス設計を行うことの大切さを示しています。ＨＣＤとは、サービスなどを設計、デザインをする際に、人間にとって使いやすいかどうかに主眼を置くことで、顧客の立場になって徹底的にＵＸをデザインするというデザイン思考の考え方の基本となっています。

この事例においても、「顧客の本当の不満は何なのか？」という問いを立てることから始めていれば、当初のような「技術中心のプロダクト」の発想は生まれなかったでしょう。


最後に、バンク・オブ・アメリカの「Keep the Change（お釣りはとっておいて）Program」を紹介しましょう。バンク・オブ・アメリカは、全米50州、世界35か国以上で事業を展開する米国最大規模の金融機関です。

彼らが世界的に有名なデザインファームIDEOの支援のもと、新規口座開設数を増やすために行ったのが「Keep the Change Program」です。全米の様々な地域における多様な世帯、個人へのインタビューを通して、「家計の財布を握っているのは、多くの場合母親である」ということ、また、便利なオンラインサービスがまだあまり存在しなかった2000年代、「手書きで家計簿をつけ、その際に支払い額の端数を切り上げている母親が多い」ということがわかりました。これらの事実から、「母親の隠れたニーズは何なのか？」という問いを立てました。その結果、彼女たちが端数を切り上げていたのは、計算を楽にするだけでなく、この差額を支出のバッファとして機能させようとする心理が働いていることがわかりました。

つまり、母親には「面倒くさい計算を楽にしたい」「余ったお金を貯めておきたい」という隠れたニーズがあったのです。このニーズをもとに、バンク・オブ・アメリカは口座をデビットカードに紐づけると支払額の引き落としが端数を切り上げて行われ、その差額分が自動的に貯金されていくサービス、「Keep the Change Program」をスタートさせました。このプログラムは、2005年9月にローンチされてから、2010年までに1000万人の新規顧客を獲得する大成功となりました。

このケースは、インタビューを通して母親たちの「面倒くさい計算を楽にしたい」「余

った お金を貯めておきたい」という隠れたニーズ、すなわち「あなただけが知っている秘密（＝大切な真実）」を発見し、事業化に成功した良い例です。

顕在ニーズと潜在ニーズ

ニーズには大きく分けて「顕在ニーズ」と「潜在ニーズ」があります。顕在ニーズとは、「あなたの困りごとは何ですか？」と聞いて、顧客が「〜に困っている」や「〜したい」と答えられるニーズです。

一方、潜在ニーズとは顧客自身も求めていることを理解しておらず、実際にサービスなどを体験して初めて自分の求めていることに気づくニーズです。フィーチャーフォン全盛時代におけるスマートフォンのようなものです。スマートフォンを使って初めてその体験の素晴らしさには気づきますが、体験せずに「様々なアプリを楽しめるパソコンのような携帯電話が欲しい」と言う人は、当時はほとんどいなかったでしょう。

イノベーションは新結合によって起こりますが、顕在ニーズ、潜在ニーズどちらのニーズをベースにしても新たな組み合わせを作ることができます。イノベーションを起こすに

ニーズの種類によってアプローチは変わる

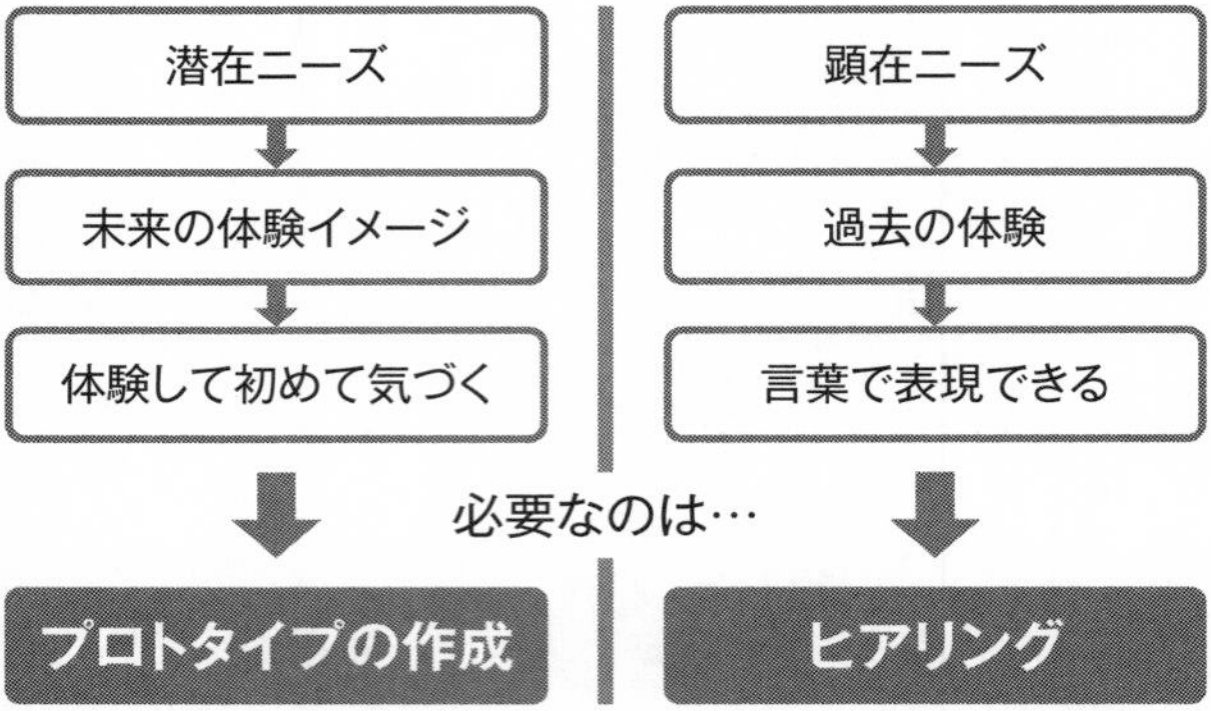

は、まずは顧客ニーズを見つけなければなりません。顕在ニーズであれば、顧客に簡単なアンケートやヒアリングを行うだけで見つかるでしょう。一方、潜在ニーズの場合は、顧客に対してインタビューを行ったり行動観察をしたうえで、「顧客が本当に求めているものは何だろう?」と問いを立て、顧客自身も気づいていない隠れたニーズを特定する必要があります。

ニーズが見つかったら、そのニーズを満たす新たなソリューションを発見するために、様々な「シーズ」を組み合わせます。シーズとは、商品やサービス開発の基礎になる技術やノウハウのことを指します。

このシーズは既に世の中にあるシーズ（既存シーズ）であっても、新たに生み出されたシーズ（新規シーズ）であっても構いません。当該ニーズに対して、「これまで組み合わせたことのなかった要素」としてのシーズであることが重要です。このように考えると、イノベーションを起こす新たなソリューション創出には、次のパターンが存在することがわかります。

① 顕在ニーズ×既存シーズ
② 顕在ニーズ×新規シーズ
③ 潜在ニーズ×既存シーズ
④ 潜在ニーズ×新規シーズ

ここで言うシーズには技術だけでなく、ノウハウや仕組みなど、世の中に存在するあらゆる「価値ある要素」が含まれ、その中で「発明」と言われるものは新規シーズかつ技術的要素を含んでいるものを指します。企業が新たな技術を発明した時には、②または④のパターンでイノベーションを起こそうとします。新規シーズを組み合わせている時点で、すべてが新たな組み合わせ（新結合）となるため、イノベーションを起こせる可能性が高まります。また、その技術が特許として認められた場合には、企業は当該イノベーションから得られる収益を一定期間独占できるため、大きなアドバンテージを得ることになります。

前述したアマゾンの1-Click注文の特許もその一例であり、アマゾンは1999年に特許を取得してから2017年に特許が失効するまでの間、競合の小売業者に対して大きなアドバンテージをもっていました。アマゾンの場合は、ECサイトで買い物をする時に「面倒くさい手続きをしたくない」という顕在ニーズを、1-Click注文の仕組みという新規シーズを組み合わせることで実現したのです。

しかし、新規シーズが世の中に普及し、または特許が失効した場合には、徐々に新規シーズは既存シーズへとシフトしていき、多くの企業が様々なニーズと組み合わせて新たなイノベーションを起こそうとします。世の中に、Web2.0と呼ばれる、サイトを閲覧した人が容易に書き込みできる双方向型の仕組みが普及した時には、このシーズを活用して、様々なレビューサイトやSNSが登場しました。

『カカクコム』は、もともとパソコンの価格比較サイトを運営していましたが、それに加えて「良いパソコンがどれか知りたい」という顕在ニーズも満たすため、購入者によるレビュー情報も追加しました。カカクコムは、その他にも、「良いレストランがどこか知りたい」という顕在ニーズを満たすためのレビューサイト『食べログ』、「良い映画がどれか知りたい」という顕在ニーズを満たすためのレビューサイト『映画.com』など、数多くのレビューサイトを運営しています。世の中にはカカクコム以外にも、ホテル、賃貸物件、美容室、結婚式場、塾や習い事など、様々なレビューサイトが存在し、それらはすべて「良い○○はどれか知りたい」という顕在ニーズに、レビューシステムという仕組みを組み合わせて作られたもので、もともとは②のパターンだったものが、①へシフトすることによって生み出されました。

一方で、③や④のパターンは潜在ニーズを発見する必要があるため、①や②に比べて組み合わせるニーズを特定する段階の難易度が非常に高いものとなります。前述のAirbnbやバンク・オブ・アメリカの「Keep the Change Program」の例を見ても明らかです。分類としては、Airbnbのケースは組み合わせるシーズが「他人の家（エアベッドと朝食）」で昔からあるものなので既存シーズで③のパターン、バンク・オブ・アメリカのケースは「引き落としが端数を切り上げて行われ、その差額分が自動的に貯金されていく」という新しい仕組みであるため新規シーズで④のパターンにあたります。

もちろん、「既存シーズの何を組み合わせるか」「ニーズを満たすためにどのような新規シーズを考案するか」も簡単な話ではありませんが、それでも組み合わせるシーズを見つけるより、世の中の誰も気づいていない隠れた潜在ニーズを見つける方がずっと難易度が高いと言えます。

実際、あのジョブズがiPhoneを発表した時、多くの専門家が「ジョブズは何も発明していない。世の中に既にある技術を組み合わせただけだ」と批判しましたが、本当に難しいのは、「パソコンのような携帯電話で様々なアプリを楽しみたい」という潜在ニーズに気づくことであり、新規シーズを生み出すことではないのです。いかに、世の中の人々が「シーズドリブン（技術中心）」にものを考え、潜在ニーズ発見の難しさを過小評価しているかが窺えるエピソードです。

次に、顕在ニーズと潜在ニーズの関係について説明します。顕在ニーズは、潜在ニーズであったものがどこかの時点で顕在化したものです。

潜在ニーズには、「思考の枠を超えすぎて、想像すらできなかった」というスマートフォンのようなパターンと、よく「無意識の諦め」と言われる、人々がその時点で「本当は実現できたら嬉しいけど、常識的に考えて実現は無理だ」と諦めているパターンがあります。

後者の例として、馬車や蒸気機関車が生まれた歴史を振り返ってみます。人間には太古の昔から、「目的地に移動したい」という顕在ニーズがありました。それは水を汲みにいく目的、人に会う目的など様々でした。イノベーションが何も起こっていなかった時代には、人は目的地に何日もかけて、ひたすら歩いていくしか方法は存在しませんでした。当時の人々にとって、「目的地に楽して移動したい」というニーズは「本当はあったら嬉しいけど、常識的に考えて実現は無理」と諦めている潜在ニーズだったのです。

そこに、馬車という乗り物がイノベーションにより生み出されました。馬車は、「目的地に楽して移動したい」という潜在ニーズに、既存シーズである「馬」を組み合わせることにより生み出されたもので、③のパターンに該当します。

ここで、人々の意識に大きな変化が生まれます。「無意識に諦めていたけれど、楽して移動することは実現可能なんだ」と。

この時点から、「目的地に楽して移動したい」というニーズは、顕在ニーズに変化します。すなわち、「(楽して移動できる馬車という存在を知っているのに)なぜ馬車が今回は用意されていないんだ」という不満が人々から出るようになるのです。人間は、実現できることを知らないと不満はもたないですが、実現できると知った途端に、「なぜしないんだ」と不満をもつ生き物です。

また、馬車で移動していた当時の人々からすると、「目的地に楽して、もっと早く移動したい」というニーズが潜在ニーズでした。馬車はどんなに頑張っても1日に100km移動するのが限界ですが、蒸気機関車であれば1日に数百km も移動可能です。蒸気機関車は、

「目的地に楽して、もっと早く移動したい」という潜在ニーズに、「蒸気機関」という新規シーズを組み合わせることにより生み出されました。この場合も同様に、人々が蒸気機関車の存在を知った時点で、「目的地に楽して、もっと早く移動したい」という潜在ニーズは、顕在ニーズに変化したのです。

このような変化は、前者の潜在ニーズ、すなわち「思考の枠を超えすぎて、想像すらできなかった」というパターンでも同様で、スマートフォンの素晴らしさを知ってしまったため、それ以降人々は「スマートフォンでないと嫌だ」という感情をもつようになり、「パソコンのような携帯電話で様々なアプリを楽しみたい」という潜在ニーズは、顕在ニーズに変化していきました。

「共感」するための2つの手法

顧客ニーズを発見するためには、顧客に「共感」し、彼らの立場になった時の「心の動き」にフォーカスする必要があります。特に、潜在ニーズを発見しようとした場合には、顧客自身も自分のニーズを言語化できないので、彼らの行動を入念に観察したり、インタビューを繰り返すことで、「顧客が本当に求めているもの（＝潜在ニーズ）」を見つけ出さなければなりません。デザイン思考のステップが「共感」から始まるのはこのためです。ここで言う共感とは、「Sympathy」ではなく「Empathy」です。すなわち、単なる感情に共鳴するだけではなく、感情移入して「自分ごとのように感じる」ことが求められます。

行動観察やインタビューは他の問題解決手法でも一般的に行われていますが、それらはあくまで客観的であり、デザイン思考では、「自分のことのように感じる」という「主観性」が他の手法と大きく異なり、潜在ニーズを発見するうえで非常に重要なポイントとなります。どうしても企業は顧客を「ターゲット」として見なしてしまいがちですが、この視点が「提供者目線」から離れられない大きな原因で、むしろ大切なのは顧客を「1人の人の問題として考える」ことです。

例として、iPod誕生の背景を見てみましょう。iPodの開発チームは最初に、既存の音楽プレーヤーのユーザーの行動を調査しました。当時はMDプレーヤーで音楽を聴くことが主流でしたが、聴きたい音楽を聴くためにはMDをその度に入れ替える必要があり、ユーザーは手間をかけてその作業を行っていました。また、MDには容量の関係で少ししか音楽が入れられないという問題もありました。

このような状況において、客観的なインタビューをしても恐らくユーザーからは大きな不満は出てきません。なぜなら、これらの手間はレコードやCDで音楽を聴く時にも行っていたことであり、彼らには「音楽を聴くためには、そういう手間をかけるものだ」というバイアス（思い込み）があるからです。

人間は日々繰り返し行う行動に対しては、それが「当たり前」と思い込み、何の疑問ももたなくなるものです。このような時に、ユーザーすらも気づいていない潜在ニーズを発見するためには、実際に自ら同じ手間のかかる作業を繰り返すなどしてユーザーに「共感」できる環境を作り出し、「自分ごと化」します。

そして、実際に体験する中で無意識の中にある「負（＝不便）」を見つけ、「本来だったら、どのような状態が理想なのか」を考えます。このようなプロセスを通じて誕生したのがiPodで、「１０００曲をポケットに」は世界的に有名なキャッチフレーズとなりました。

iPodを使えば、もういちいちＭＤを取り替える必要もなく、デジタルデータとして好きな音楽を1000曲持ち運べるようになったのです。

iPodは世界的に大ヒットしましたが、実は日本では当初あまりヒットしませんでした。iPodが初めて発表された2001年当時は日本でのアップルの認知度があまり高くなかったのも大きな要因でしたが、世界とは少し違った独自の様相を呈していました。

日本では世界に先駆けて「iモード」というポストPCの流れが既に起こっており、「パソコンは仕事、遊びはケータイ」という文化が育っていました。

ある時、アップルの日本法人代表も務めた前刀禎明氏が、打ち合わせの際にテーブルにiPodが置いてあるのを発見し、「お、iPodじゃないですか」と言ったら、持ち主の女性があわてて隠したことがあったそうです。

この経験から、パソコンと同期して音楽を聴くiPodは若い女性に「オタクっぽい」という印象をもたれていることに気づきました。

そしてアップルは大きな方針転換を決意します。アップルはもともと「個人がコンピューターを持つ時代がやってくる」と予見し、パーソナルコンピューターという分野を切り拓いた企業であるため、どうしてもパソコンであるMacが主、ガジェットであるiPodが従、という考え方が根底にありました。

しかし、パソコンやガジェットが「オタクっぽい」という印象をもたれてしまうなら、むしろiPodを主、Macを従にしてしまい、iPodをファッションアイテムとして認知させようとしました。「遊びはケータイ」という独自の文化から生まれた、持ち運ぶものは「おしゃれでありたい」という潜在ニーズを発見したのです。

そして生み出されたのが『iPod mini』で、日本でも大ヒットを記録しました。ディスクの容量（＝利便性）を犠牲にしても、より小さくておしゃれな音楽プレーヤーが欲しい、という層の取り込みに成功したのです。

iPodは白1色だったのに対し、iPod miniではシルバー、ゴールド、ピンク、ブルー、グリーンの5色を用意し、製品発表会にファッションモデルを起用、テレビCMにはiPod miniで音楽を楽しむ人のシルエットを映し、「iPod miniのある、おしゃれなライフスタイル」を全面に押し出しました。

その結果、iPodでは取り込めなかったおしゃれな女性層を取り込み、２００４年1月の製品発表以来、同年5月までの携帯型音楽プレーヤーの売上ベスト4を、iPod勢が独占するという快挙を成し遂げました。このように、「ユーザーが本当に求めているものは何か」を提供者目線ではなくユーザーの立場になって考え、潜在ニーズを発見することが大きな成功には欠かせない要素であるのがわかります。

あえてユーザーと同じ経験をしたり、ユーザーの行動観察やインタビューを実施することは、ユーザーの気持ちに共感するためには非常に有効な手段で、デザイン思考においても重要なアプローチです。

一方で、簡単に同じ経験や行動観察、インタビューなどができない場合はどうすれば良いでしょうか。実際にユーザーを観察できない、インタビューできない状況では、ペルソナとペルソナの置かれた状況を詳細にイメージし、共感できる環境を自ら設計する必要があります。ここで言うペルソナとは、商品やサービスをイメージする際に、どのような顧客に向けたものか人物像を具体的に設定することです。性別や年齢、職業、趣味、家族構成といったキャラクターを設定していきます。具体的には、どのような欲求をもっていて、置かれた状況においてどのような感情が湧き起こっているか、を詳細にイメージできているほどペルソナへの共感度が高まります。

ここで、共感度を高めるためのテクニックを1つご紹介します。それは、ペルソナやシーンの前に「修飾語」を付けるという方法です。例えば、「若者が電車で立っている時のニーズは何か」と聞かれても、すぐにはイメージできないのではないでしょうか。しかし、ここに修飾語を付けて、「潔癖症の若者が満員電車で揺られながら立っている時のニーズは何か」と聞かれれば、「潔癖症なので、満員電車で揺れた時に周りの人に触れたくない（触れられたくない）」というニーズはすぐにイメージできるはずです。このように、ペルソナやシーンの前に修飾語を付けることでユーザーへの共感度を一気に高め、潜在ニーズの「仮説」を立てることが可能となります。ここであえて「仮説」と書いたのは、行動観察をするにせよ、修飾語を付けて解像度高くペルソナをイメージするにせよ、これらのプロセスを通じて発見された潜在ニーズはあくまで仮説の域を出ておらず、実際に想定したニーズがユーザーにあるかどうかを確かめるためには、まずは何かしらのプロトタイプを作って実際にユーザーに使ってもらい、フィードバックを得るしか方法がないからです。しかし、潜在ニーズの有無に関する検証を行うためにも、まずは何かしらの方法で潜在ニーズに対する仮説を立てないと始まりません。そういった意味では、これらの共感のためのアプローチは、最初の一歩を踏み出すための方法としては非常に優れていると言えます。

「本源的欲求」はどこにあるのか

人間は他者に共感することで潜在ニーズを発見することができますが、AIは他者に共感することができないため、潜在ニーズを発見することができません。これが、「AIには創造性がない」と言われる大きな要因です。新たなビジネスを創造するためには、潜在ニーズを発見し、それを実現するソリューションを発見するというプロセスが重要だからです。

「シンギュラリティ（＝AIが人類の知能を超える技術的特異点）」という言葉が一時期話題になりましたが、シンギュラリティの実現のためにも「AIが創造性をもつこと」は非常に重要なテーマの1つであり、創造性をもったAIの研究は世界中で行われています。

このように考えると、「共感」は人間らしさという観点から見ても、非常に重要なポイントであることがおわかりいただけると思います。「共感」から始まるデザイン思考が人間中心設計（HCD）と言われる所以もここにあります。

では、人間が他者に共感できて、AIが他者に共感できない理由は一体何なのでしょうか。それは、「本源的欲求」を人間だけがもっているからです。本源的欲求とは、「人間であれば誰もが生まれつきもっている欲求」を指します。例えば、「安全でいたい」、「認められたい」、「面倒くさいことはしたくない」といったもので、アメリカの心理学者・ヘンリー・マレーが人間の本源的欲求をまとめた「マレーの欲求リスト」などを参考にすると良いでしょう。そのリストでは、呼吸や食事など生命を維持するために必要な「生理的欲求」と、社会的生活において必要な「社会的欲求」に大きく分類されています。AIには「安全でいたい」という欲求もないですし、「認められたい」や「面倒くさいことはしたくない」といった欲求もありません。どんなに面倒くさい計算でも指示があればすぐに行います。

この本源的欲求という「人間誰しもの共通の欲求」をもっているため、人間は他者に共感できます。

あなたが新入社員として会社に入社したとしましょう。そして、同期の新入社員の男性が仕事でミスをして、その上司から皆の前で大声で怒られていたとします。その時、彼がなかなか謝らなかったら、あなたはどう感じるでしょうか。「上司の言っている事は確かに正しいけど、皆の前であんな言われ方をしたら、なかなか謝りづらいよ」と感じるかもしれません。それは、あなたと彼が共通の「非難されたくない」や「恥をかきたくない」という本源的欲求をもっているから、共感できるのです。これがAIであれば、「上司の言っていることは正しいのに、なぜ彼はそれを素直に認めないいか理解できない」となります。

本源的欲求に着目しながら他者の行動を観察すると、なぜ他者が特定の状況においてそのような行動を取るのか、ずっと解像度高く理解できるようになります。先ほどの例で言うと、「非難されたくない」や「恥をかきたくない」という欲求と、「皆の前で大声で怒られる」という状況を掛け合わせると、「素直に謝りづらい」という行動が予測できるようになります。

また、共感度を高めるためのテクニックとして「修飾語を付ける」という方法をご紹介しましたが、ペルソナの前に付ける修飾語を本源的欲求に関するワードにするのも重要なポイントです。先ほどは、「若者」というペルソナの前に「潔癖症の（＝清潔でいたい）」という本源的欲求に関する修飾語を付けたので、「潔癖症なので、満員電車で揺れた時に周りの人に触れたくない（触れられたくない）」というニーズをすぐにイメージできましたが、「地味な」という修飾語を「若者」の前に付けても、「地味な」というのは単なる若者の特徴であって本源的欲求に関する言葉ではないため、ペルソナに共感することは難しく、容易にニーズをイメージすることはできなくなってしまいます。

このように本源的欲求に着目することで、デザイン思考において最も重要とされるペルソナへの「共感」を高め、潜在ニーズ発見のスピードを大きく向上することができます。

しかし、多くの新規事業開発やマーケティング担当者は本源的欲求に着目することなく、最初から「顧客ニーズは何か」というニーズの探索からスタートしがちです。その場合には、たいてい顧客ニーズの発見に必要以上に時間がかかってしまいます。なぜなら、世の中には顧客ニーズの候補となるニーズが無限に存在するからです。当たり前のことを言っているようですが、なぜニーズが無限に存在するか、その理由をもう少し丁寧に説明しましょう。

「本源的欲求」、ペルソナの置かれた「シーン」、ペルソナの「ニーズ」の間には、「本源的欲求」×「シーン」＝「ニーズ」という関係式が成り立ちます。すなわち、ある本源的欲求をもった人間が、あるシーンに遭遇した時に初めて「〜したい」や「〜したくない」というニーズをもつということを意味しています。本源的欲求をもっていないＡＩがどんなシーンに遭遇しても自らニーズをもつことはないですし、本源的欲求をもっている人間も何かのシーンに遭遇しなければ、ニーズを抱くことはありません。

前述の例では、「潔癖症の若者」が「満員電車で揺られながら立っている」というシーンに遭遇して初めて「揺れた時に周りの人に触れたくない（触れられたくない）」という特定のニーズをもちました。この関係式において、「ニーズ」が無限に存在するのは、「シーン」が無限にあるためで、実は「本源的欲求」は有限です。

実際、マレーの欲求リストでは欲求は40種類、細分化したものでも70種類程度しかありません。ここでのポイントは、無限の候補があるニーズからものを考えるより、まずは有限である本源的欲求からものを考え始めた方が、ずっとスムーズにニーズにたどり着くという点です。例えば、「潔癖症の若者」はそのままにして、シーンを「汚いトイレで便座に座ろうとした時」に変更すれば、「便座に触れずに用を足したい」というニーズがすぐイメージできますし、シーンを「自宅で友人と飲み明かした時」に変更すれば、「散らかしたゴミはきちんと捨てるか持ち帰って、部屋を綺麗にしてほしい」というニーズがすぐイメージできます。

このように、本源的欲求を起点にニーズ探索を始めることにより、結果的にニーズの発見速度を上げることができます。ただし、ここで見つけたニーズはあくまでニーズに関する「仮説」であって、イメージしたニーズが本当に存在するかどうかは別途検証する必要があります。

本源的欲求をベースにニーズを考えることのもう1つの大きなメリットは、「スケールの大きなビジネスを作れる」という点です。本源的欲求は、「人間であれば誰もが生まれつきもっている欲求」でした。つまり、本源的欲求を満たすサービスを作れば、「全人類がサービスのユーザーになり得る」ということを意味しています。

フェイスブックは、記事の投稿に「いいね！」ボタンを付けることで、投稿者の承認欲求を満たす仕組みを作り、世界で20億人ものユーザーを獲得しました。これだけ多くのユーザーがフェイスブックを使うのは、人種や年齢、住む国を問わず、人間誰もが「認められたい」という本源的欲求をもっているからに他なりません。

実際のところは、フェイスブックは当初はハーバード大学のドメインのメールアドレスを保持する学生に限定されたクローズドなＳＮＳで、全人類を対象としたサービスではありませんでした。２００４年のサービス開始時は自分のプロフィールを作成し、友達とつながり、メッセージのやりとりができるシンプルな機能のみで、「いいね！」ボタンが実装されたのは6年後の２０１０年になってからです。

サービス開始当初から創業者であるマーク・ザッカーバーグが全人類を対象としたサービス開発を考えていたかは定かではありませんが、彼が実装してきた機能はすべて本源的欲求を満たすものばかりです。

プロフィール作成機能は「自分のことを知ってほしい」という欲求、友達追加機能やメッセージ機能は「他者と交流したい」という欲求、ニュースフィード機能は「他者が何をしているか覗き見たい」という欲求、「いいね！」ボタンは「他者に認められたい」という欲求をそれぞれ満たすものです。そういった意味では、フェイスブックはユーザーの本源的欲求を様々な角度から満たすよう緻密に設計されたサービスと言えます。

一方でグーグルは、「情報を知りたい」という人間の認知欲求をひたすら追求してきた会社と言えます。それは、「グーグルの使命は、世界中の情報を整理し、世界中の人々がアクセスできて使えるようにすることです」という会社が掲げるミッションにも現れています。検索はもとより、地図サービスや翻訳サービス、カレンダー機能など、人の認知欲求を満たすサービスを数多く提供しています。

メタが、様々な角度から人間の本源的欲求を刺激する機能をひたすらフェイスブックというサービスに追加して進化させ続けてきたのに対して、グーグルはミッションドリブンに情報獲得のための様々なサービスを幅広く展開している点が企業戦略として対照的です。メタもインスタグラムなどのいくつかのSNSサービスを展開していますが、これは世界におけるSNSのシェアを守るための買収戦略の結果であり、本来であれば「フェイスブックという単一のサービスを進化させて世界シェアを守り続けたかった」というのが本音だと思われます。

アマゾンはどうでしょうか。前述のように、当初から「より多くの商品の中から選びたい」、「より安い商品を選びたい」、「より良い商品を選びたい」、「より早く手に入れたい」といった購買体験にまつわる本質的なニーズを満たすようにサービス設計を行っている素晴らしい企業ですが、アマゾンに圧倒的優位性を与えたのは「1-Click注文」が生み出す顧客体験でした。人間の「面倒くさいことをしたくない」という本源的欲求を満たす機能であり、多くのユーザーがこの体験を求めてアマゾンを利用し、現在、世界最大規模のマーケットプレイスに成長を遂げました。この「面倒くさいことをしたくない」という本源的欲求へのこだわりは、Amazon Goの店舗設計にも現れています。

アップルについても考察してみたいと思います。アップルは、自社のミッションを明示していない会社として知られています。しかし、ジョブズの美しいデザインへの強いこだわりは、結果的に「美しいものを見て感動したい（＝感性欲求）」、「流行の物を手に入れたい（＝流行欲求）」、「注目されたい（＝自己顕示欲求）」といったユーザーの本源的欲求を満たすことにつながっています。また、テレビCMでは「Think different.（違う視点で考える）」「Your Verse（あなたの詩＝あなたらしく生きる）」などのフレーズを使っていることから、アップルは製品やサービスを通じて人が各々の視点をもち、自分らしく生きることを支援したいと考えていることが読み取れます。これは、人間の「ユニークな存在でありたい」という本源的欲求を満たすことを意味しており、アップルは自社のミッションを明示しなくとも、フェイスブック、グーグル、アマゾンと同様、本源的欲求を満たすサービス設計を行っている会社と言えるでしょう。

「ユーザーの声」は常に真実とは限らない

「ユーザーの声に耳を傾けろ！」というのは、一般的によく言われることであり、一見正しい意見のように聞こえます。実際、サービスのプロトタイプができた後や販売を開始した後であれば、ユーザーの声に耳を傾けることは非常に重要です。しかし、あなたがまだ世の中にない革新的なサービスを作ろうとしているなら、過度にターゲットユーザーの声を聞くことは大きな失敗を招く原因となりかねません。

世の中にない革新的なサービスを作る方法は、大きく分けて二つあります。顕在ニーズを満たすための新たなソリューションを提供する方法と、潜在ニーズを満たすための新たなソリューションを提供する方法です。

前者の場合にはユーザーの声を聞くことは有効です。なぜなら、ユーザーは自分のニーズをきちんと言語化できるからです。顕在ニーズをターゲットとしたサービス作りの場合には、ニーズの把握で失敗する可能性は低い一方、競合となる企業も多く、市場もレッドオーシャンである可能性が高くなります。競合に対して差別化を行うためには、新技術の発明などを通じて新たなシーズを発掘し、新結合により独自性の高いサービスを開発する必要があります。

一方で後者の潜在ニーズを対象とした場合には、ユーザー自身も自分のニーズを正しく認識または言語化できていないため、ユーザーにヒアリングを行っても間違った回答を得てしまう可能性があります。特に人間は、見たり、体験したことのないサービスを正しくイメージすることはできません。その一例として、『ユーザ中心ウェブビジネス戦略』(武井由紀子、三木順哉著、SBクリエイティブ)という本に興味深い事例が掲載されています。

ある食器メーカーが「次に買うとしたらどんな食器が欲しいか?」をテーマに、主婦5人にグループインタビューを実施したところ、主婦たちは話し合って、最終的に「これまでとは違う、オシャレな黒い四角い皿が欲しい」という意見でまとまりました。最後に、インタビュー協力のお礼に、「食器サンプルの中からぜひ好きな皿を1枚持ち帰ってください」と伝えたところ、参加者全員が選んだのは、なんと「白い丸いお皿」でした。

なぜ、白い丸いお皿を選んだのかを聞くと、「食器棚にある皿が丸い皿ばかりなので、丸い皿でないと重ねてしまえない」「テーブルの色に合う食器が白色なので、白で揃えている」といった回答が返ってきたそうです。すなわち、この主婦たちがインタビューで回答した時点では、「もしオシャレな黒い四角い皿が自分の家の食器棚にあったら、どんな感じなんだろう」と正しくイメージできていなかったということです。

同様に、フィーチャーフォンしかなかった時代に、スマートフォンのアイデアを聞いて「欲しい」と答えられた人はきっとわずかだったでしょう。多くの人は、実際に見たり、触ったりするまで自分の潜在ニーズを正しく認識できません。人間には無意識レベルで起こる「認知・認識の限界」があるからです。したがって、例えあなたが革新的なビジネスアイデアを思いついたとしても、アイデアの状態のままでユーザーにヒアリングを行ってしまうと危険です。まずは、相手が実際のサービスをイメージできるようにプロトタイプを用意して、実際に見たり触ったりできる体験を提供しましょう。これが、デザイン思考において「プロトタイプ」というプロセスが重視される理由です。

この「ユーザーの声に耳を傾ける」というアプローチは、一見正しく見えるが故に、正しいことをきっちりしようとする真面目な企業ほど愚直に実践してしまい、世の中に大きなイノベーションを起こせないというジレンマに陥ります。ハーバード・ビジネス・スクールの教授だったクレイトン・クリステンセンの著書『イノベーションのジレンマ』によると、イノベーションの形には大きく分けて「持続的イノベーション」と「破壊的イノベーション」が存在し、世の中に大きな変革をもたらすのは後者の「破壊的イノベーション」です。

「持続的イノベーション」とは、既存の市場においてユーザーに求められている価値をさらに向上させることでイノベーションを起こすことを指します。したがって、ユーザーの声を積極的に取り入れ、既存ユーザーの満足度向上に尽力します。日本企業が得意としてきた「改善」「改良」は、このイノベーションの効果的な手法であると言えます。マーケティングの概念であり、顧客の意見、ニーズを汲み取って製品開発を行う「マーケットイン」の考え方に近い手法です。

一方、「破壊的イノベーション」は、既存の概念にとらわれず、新たな発想を積極的に取り入れることで、新製品や新サービスを生み出していくもので、これまでに存在していた製品やサービスの価値を低下させ、全く新しい別の価値を市場に作り出すものです。この場合、ユーザーの声は、サービス開発の初期の段階では積極的に取り入れません。なぜなら、ユーザーは自分の潜在ニーズを正しく言語化できず、過去の経験バイアスに縛られるからです。むしろ、サービスの作り手は「ユーザーの潜在ニーズは何か」を徹底的に考察し、仮説を作り、その仮説を世の中に実際に触れるプロダクトという形で投げかけて潜在ニーズの検証を行います。マーケットインに対して、企業の方針や製品化可能なものを基準に開発を行う「プロダクトアウト」の考え方に近い手法です。

既に特定の分野で成功している企業は、既存のサービスや製品をより良くすることに注力するあまり、新規のサービス開発にあまり目が向かなくなる傾向があります。なぜなら、持続的イノベーションのプロセスが既存事業を順調に成長させていれば、そちらに注力した方が確実に収益を上げられることが予想でき、〝一見〟リスクも少なく見えるからです。

結果として、企業として限られたリソースの多くを、そのまま既存事業の改善に振り向けてしまうのです。

特に、すでに既存事業により市場で大きなシェアを獲得している企業の場合は、新しい発想による技術やサービスは、その時点では事業の成功が未知数なだけでなく、場合によっては新規サービスの成功が「既存事業の収益を毀損するリスク」があると判断されます。いわゆる「カニバリゼーション」です。このような背景から、企業は冒険を避け、守りの姿勢をとるようになり、現状の商品の改良のみに終始し、結果的に新たな需要や未知の市場に目が向かなくなります。これを「イノベーションのジレンマ」と言います。

既存事業で成功している大企業が持続的イノベーションに注力すればするほど、スタートアップのような新興企業にとっては市場に破壊的イノベーションを起こすチャンスが生まれます。先ほど、成功している企業が既存事業に注力することが〝一見〟リスクがないように見えると言ったのはこの理由からで、持続的イノベーションに注力することが、新興企業に破壊的イノベーションを起こすチャンスを与え、結果的に自社のリスクを高めることにつながるのです。

また、破壊的イノベーションには、「ローエンド型破壊的イノベーション」と「新市場型破壊的イノベーション」の2つのパターンが存在します。

ローエンド型破壊的イノベーションとは、今ある製品やサービスよりも低価格でシンプルな商品・サービスを提供するイノベーションのことです。既に特定の分野で成功し持続的イノベーションに注力している企業は、改良を繰り返す中で「高機能・高価格」の製品を作り、収益性を高めようとします。

一方で、市場には「そこまで高機能でなくても良いので、もっと価格の安い、シンプルな製品が欲しい」というユーザー層が生まれてきます。そのユーザー層向けに、「重要な機能だけ」を切り出したシンプルな製品を低価格で提供し、一気にローエンド市場を取ってしまうのです。

ローエンド型破壊的イノベーションの例として、『ティファール』が挙げられます。それまでの電気ポットは、水を沸かす機能だけでなく、タイマー機能、温度を1℃単位で設定できる機能など、多機能・高価格で提供されていました。これに対し、ティファールは湯沸かし機能のみを搭載した電気ケトルを製品化し、ローエンド型の破壊的イノベーションを起こしました。ティファールの電気ケトルは、湯沸かし機能のみに特化し、電気ポットのような温度選定や保温の機能は搭載されていません。その代わり、ユーザーの主要ニーズである、「素早く沸かせる」、「価格が安い」、「電気代を節約できる」という点において魅力的であり、それまで主流だった電気ポットの市場を破壊しました。

その他、航空業界におけるLCCなど、これまでローエンド型破壊的イノベーションの事例は数多くあり、日本でもユニクロ、ダイソー、ニトリ、アイリスオーヤマなど多くの事例が存在します。

一方の「新市場型破壊的イノベーション」とは、既存の顧客層に対して既存の価値軸に基づいた製品を提供するのではなく、全く新しい価値軸に基づいた製品を提供することで、新たな顧客層を獲得し、市場そのものを新たに創出していくイノベーションのことです。クリステンセンは、これを「無消費」すなわち消費のなかった状況に対抗するイノベーションであるとしています。

新市場型破壊的イノベーションの例として、ソニーのウォークマンが挙げられます。ウォークマンがターゲットとしたのは、「家のステレオで高音質な音楽を聴きたい既存顧客」ではなく、「歩きながら音楽を聴きたい人」です。既存顧客にとっては、ウォークマンは「音質が悪い音楽再生機」にしか見えなかったでしょう。しかし、これまで移動中に音楽を聴きたいと思っても聴けなかった「音楽無消費者」にとっては、好きな音楽を持ち運んでどこでも聴くことのできるウォークマンは非常に魅力な製品だったのです。まさにウォークマンは、これまで音楽無消費者だった層を幅広く取り込み、新たな市場を創造したと言えます。

その他、世界で初めて携帯インターネットとしてiモードのサービスを提供し、携帯インターネット市場という新市場をゼロから創造したNTTドコモや、バーチャルとリアル世界をゲームという娯楽性で接続し、人々を外に連れ出すことに成功したARアプリゲーム『ポケモン GO』など、新市場型破壊的イノベーションはこれまで数多く生まれています。

これらの破壊的イノベーションはいずれも、ユーザーの声をそのまま聞いていても生まれなかったものばかりです。必要なのは、ユーザー自身も気づいていない、または言語化できない潜在ニーズをユーザーへの共感を通じて発掘し、そのニーズを満たすであろうプロダクトをユーザーに提示していくプロダクトアウトの考え方です。そして、これがまさにデザイン思考の考え方そのものでもあるのです。

第三章
目指すは究極の「いいとこ取り」

「無意識の諦め」を覆す

潜在ニーズには前述したとおり、「思考の枠を超えすぎて、想像すらできなかった」というスマートフォンのようなパターンと、人々がその時点で「本当は実現できたら嬉しいけど、（当時の）常識的に考えて実現は無理だ」と諦めているパターンがあります。

後者の例として、馬車や蒸気機関車が生まれた歴史を振り返りましたが、もう少し最近の事例も考察してみましょう。

人々が無意識に諦めていた願望を満たしたサービスとしては、インスタグラム、ティックトック、YouTubeといったSNSサービスやアメブロのようなブログサービスが挙げられます。ここで、人々が無意識に諦めていた願望とは「有名になりたい」という願望です。

これらのサービスが生まれるまでは、人々が有名になるためにはタレント事務所などに所属して長年修行を積み、テレビや雑誌といったマスメディアに露出してもらうしか方法がありませんでした。ほんの一握りの人しか成功しない厳しい世界に対して大きなリスクをとってまで挑戦することは、多くの人々にとって非常に高いハードルでした。

しかし、これらのサービスが生まれたことで、本業の仕事を犠牲にすることなくスキマ時間から小さく始め、徐々に自分のファンを育てていくというアプローチが可能となりました。大きなリスクを取らずとも、上手くいけば有名なインスタグラマー、ティックトッカー、YouTuber、ブロガーになれる道が開けたのです。

別荘やリゾートホテルの「タイムシェアサービス」も、無意識に諦めていた願望を満たすサービスと言えます。これまでは、別荘は高額で一部の富裕層しか所有することはできませんでしたし、ましてや豪華なリゾートホテルを所有することなど、一般人には到底手の届かない夢のまた夢の話でした。とは言え、「もし叶うなら、豪華な別荘やホテルをもちたい」という願望は多くの人が抱いているのではないでしょうか。このような「諦めざるを得なかった願望」を実現するために生まれたのが、別荘やリゾートホテルのタイムシェアサービスです。

海外では、ディズニー系列、ヒルトン系列、マリオット系列、国内でも東急バケーションズ、エクシブなど様々なタイムシェアサービスが存在します。タイムシェアと言っても、実際に会員は物件の所有権をもつことができます。個人ひとりでは高額すぎる物件を、複数の人々で共同購入、共同保有することで、コストを抑える仕組みとなっています。購入者は年間の決まった期間、対象となる物件を占有して利用することができます。別荘やリゾートホテルという年間決まった期間しか利用しないという特性を上手く活かし、「豪華な別荘やホテルを所有したい」という願望を実現したサービスと言えます。

ＳＮＳや別荘のタイムシェアサービスのように、もともと人々がもっていたものの実現できなかった願望に着目し、新しい技術や仕組み、ビジネスモデルで実現するパターンの他にも、「無意識に諦めていた願望」をデザインし、その願望を実現するサービスを作っていく方法もあります。

それは、「あるシーンにおいて同時に発生する２つ以上の願望を見つけ出し、もしそれらの願望を同時に満たすサービスが現状世の中に存在しないならば、それらを同時に実現するサービスを作る」という方法です。人間は、無意識下の複数の願望になかなか自分でも気づくことはできませんし、ましてやそれらが同時に実現することを期待していません。

より多くの願望を同時に満たす

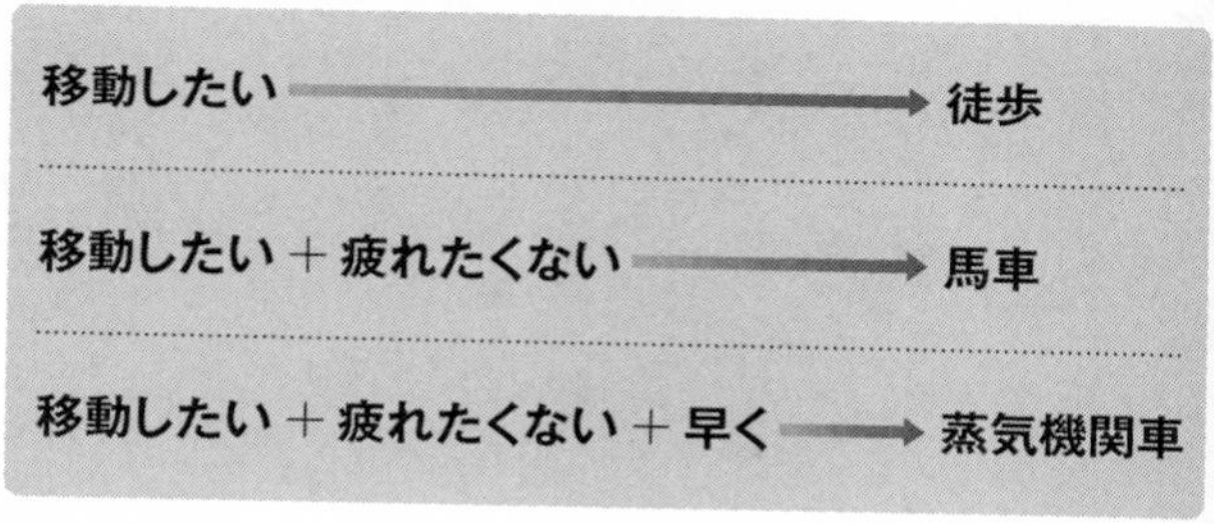

そういった意味では、これらを同時に満たすこと自体が「無意識に諦めていた願望」と言えるのです。

85ページに示した馬車や蒸気機関車のケースを例にとると、「目的地に移動したい」「疲れたくない」「時間を無駄にしたくない」という願望が同時に発生しており、「目的地に移動したい」「疲れたくない」という2つの願望を同時に満たすサービスとして「馬車」、「目的地に移動したい」「疲れたくない」「時間を無駄にしたくない」という3つの願望を同時に満たすサービスとして「蒸気機関車」が生まれたと言えます。人間は、あるシーンにおいて、より多くの願望を同時に満たしてくれるサービスを選ぶ生き物です。歴史を振り返っても、馬車が登場した時には人々は徒歩での移動よりも馬車での移動を求めましたが、蒸気機関車が出てくれば馬車での移動ニーズは減少しました。

そうであれば、1つのサービスで複数の願望やニーズを同時に満たしてくれるサービスを設計すれば、これまでの人々の行動を変容させることができるだろう、と考えるのが自然です。これを「ニーズの統合」と言い、デザイン思考においてアイデアをブラッシュアップするのに不可欠な「統合思考」のプロセスです。

すき家、吉野家、松屋などの牛丼チェーン店は忙しいビジネスパーソンに人気ですが、人々は、なぜこれらの店舗を利用するのでしょうか。それは牛丼が、「お金を節約したい」「美味しいものを食べたい」「すぐに食べたい」という3つのニーズを同時に満たすサービスだからです。いくら美味しくてすぐ食べられても、価格が高ければ人気は落ちるでしょうし、いくら安くてすぐ食べられても、美味しくなければ人気は出ないでしょう。また、安くて美味しくても何十分も待たないといけないとなれば、忙しいビジネスパーソンには不向きです。すなわち、これら3つのニーズのどれか1つでも欠ければ、今のような成功はなかったと言えます。ニーズを統合してサービスを設計する際には、ターゲットとなる顧客にとって「重要なニーズ」を抽出し、それらを足していくことがポイントとなります。

スマートフォンを例にとっても、最初は「電話をしたい」というニーズから固定電話が生まれました。しかし、固定電話は持ち運べません。そこに、「持ち運びたい」というニーズが足されて、携帯電話（フィーチャーフォン）が生まれました。そして、さらに「スキマ時間を楽しみたい」というニーズが足されて、色々なアプリケーションを携帯電話上で楽しめるスマートフォンが生まれたのです。

人は、同じ場所でしか電話できない固定電話よりも移動しながら電話できる携帯電話（フィーチャーフォン）を、電話と簡単なテキストメッセージを送ることしかできないフィーチャーフォンよりも様々なアプリケーションを楽しめるスマートフォンを選ぶようになったのです。

このように、同時に発生する２つ以上の「人々が無意識に諦めていた願望」を見つけ出し、それらの願望を同時に満たすサービスを作ることによって、人々の心を摑み、サービスをヒットさせることが可能となります。

「安全で速い車」は存在する

ユーザーにとって魅力的な提供価値を自社サービスに新たに統合すると、サービスの価値を高めることができますが、「魅力的」という視点の他にどのような観点から統合する提供価値を選択すれば良いでしょうか。実は、魅力的という視点で提供価値を足すだけでは、社会に大きなインパクトを与えるようなイノベーションはなかなか起こせません。

重要なポイントとなるのが、「これまで（技術上または仕組み上）共存できなかった魅力的な提供価値同士を共存させるサービス」をデザインするという観点です。これは、一見「トレードオフ」の関係にある提供価値同士を共存させることを意味します。トレードオフ関係とは、ある提供価値Aを内包すると、提供価値Bを内包できない、という関係です。

もしあなたの会社だけが、これらのトレードオフ関係にある提供価値同士を共存させる新たな技術開発や仕組みを考案することができれば、世の中でオンリーワンの魅力的なサービスをユーザーに届けることができます。

なぜなら、他の企業は提供価値Aを優先すれば提供価値Bを諦めざるを得ず、提供価値

Bを優先すれば提供価値Aを諦めざるを得ないという状況下で、あなたの会社だけが魅力的なAとBの両方をユーザーに届けることができるからです。

当然ユーザーはあなたの会社のサービスを選択します。このような状態を作れば、あなたの会社は一時的に市場を「独占」し、大きな収益を獲得することが可能となります。

自動車を例にすると、最先端の技術開発をして「超安全で超速い車を作る」というような、究極の「いいとこ取り」をしましょう、という話です。

では、そのようなことは本当に可能なのでしょうか。身近な成功例としては、ユニクロのヒートテックが挙げられます。ヒートテックが世の中に生まれるまでは、冬の寒い日に屋外を歩いているシーンにおいて、衣服が人々に提供できる「暖かく快適に過ごせる」と「お洒落ができる」という価値はトレードオフ関係にあり、共存できないものでした。なぜなら、暖かさを優先すれば服を何重にも着込まねばならず、モコモコに膨らんでしまってお洒落が難しい。逆に、お洒落を優先すれば薄着で暖かさを諦めざるを得ない、というトレードオフ関係があったからです。

そのトレードオフ関係をユニクロはヒートテックという商品を開発することで、「薄着でお洒落ができるのに、暖かく快適に過ごせる」という提供価値の共存を実現しました。多くの人々は、トレードオフ関係の解決という「これまで諦めていた願望」が実現したため、ヒートテックに夢中となったのです。

前述の牛丼チェーン店も、「お金を節約したい」「美味しいものを食べたい」「すぐに食べたい」という3つのニーズを同時に満たすサービスとして紹介しましたが、これらの中にもそれまでトレードオフ関係にあった提供価値は存在します。吉野家は、当時は高級品であった「牛めし」を、魚市場で働く人たちのために安価で提供しようと1899年に誕生しました。それまで美味しい牛めしを食べようと思ったら高い金額を支払わなければならなかったところを、牛めしの世界において独自の仕入れルートを確立することで「美味しいのに安い」を実現しました。

また、「美味しいものを食べられる」と「すぐ食べられる」も実はトレードオフ関係にあります。最近でこそレトルト食品も美味しくなってきていますが、通常は美味しいものを食べようと思ったら時間がかかるものです。フレンチなどはその典型で、時間と手間をかけて美味しい料理を顧客に提供します。吉野家は、顧客が注文してからすぐに美味しい牛丼を届けられるよう徹底的にオペレーションを効率化し、このトレードオフ関係を解決しています。

スマートフォンの場合は、「電話できる」「持ち運べる」「スキマ時間を楽しめる」などの提供価値をもっていますが、これらの提供価値も昔はトレードオフ関係にありました。まず、固定電話しかなかった時代には、「電話できる」と「持ち運べる」はトレードオフ関係にありました。しかし、携帯電話（フィーチャーフォン）の登場によって、このトレードオフ関係は解決され、多くの人が携帯電話を持つようになりました。日本の場合、世界に先駆けてインターネットを携帯電話で楽しめる「iモード」が登場し、それまで電話に加えて簡単なテキストメッセージしかできなかったフィーチャーフォンに「スキマ時間を楽しめる」という提供価値をプラスすることで多くのユーザーを集めました。

iPhoneの登場によって「スキマ時間を楽しめる」の提供価値は大きく上昇します。インターネットだけでなく、様々なアプリケーションを携帯電話で楽しめるようになったのです。人々は、より「スキマ時間を楽しめる」スマートフォンにシフトし、ｉモードを含めたフィーチャーフォン全盛の時代は終焉を迎えることとなります。しかし、このスマートフォンの「スキマ時間を楽しめる」という提供価値も本来は「持ち運べる」という提供価値とトレードオフ関係です。

なぜなら、様々なアプリケーションを楽しめるパソコンと同等レベルの高機能な電子機器は、通常はサイズが大きくなってしまうものです。それをポケットに入る小さな携帯電話で実現し、持ち運べるようにしていること自体が驚きなのです。これらのトレードオフを解決するための企業による技術開発の歴史が、携帯電話の歴史とも言えます。

では、トレードオフ関係にある提供価値はどのようにして見つければ良いのでしょうか。実は、街中にそのヒントはたくさん落ちています。例えば、カフェでお茶をしながら周りの会話に耳を傾けてみるのも良いですし、友人や会社の同僚と日常会話をしてみるのも良いかもしれません。

もし会話の中で、「〜だから〜（仕方ない）」という言葉を耳にしたらチャンスです。その言葉が発せられる裏には、トレードオフの関係があるために一方を優先すればもう一方を諦めざるを得ないという「無意識の諦め」があることを意味しています。そのような言葉を聞いたら、そのトレードオフ関係を解決できるサービス、すなわち「～だから～（仕方ない）」を「～なのに～（感動）」に変えることができるサービスを創れないか、考えてみるのが良いでしょう。もし、それが実現できれば、世の中でオンリーワンの魅力的なサービスをユーザーに届けることができます。

「～なのに～（感動）」という言葉を人々に言わせるサービスを創ることができれば、マーケティングの観点からも非常に強力です。人は感動した時、その感動を他の人と共有したいという願望をもっています。通常、自社サービスの認知を上げるためには、広告を打ったり、大きなプロモーションを講じたりする必要があるのでコストがかかりますが、ユーザーが勝手に周りに「～なのに～（感動）」と広めてくれればマーケティング費用を削減できますし、何よりも企業起点の広告よりも友人からの「口コミ」は絶大な信頼をユーザーに与えます。

このようにトレードオフを解決できるサービスを創ることは、オンリーワンの魅力的なサービスとして市場を独占できるだけでなく、マーケティングという観点からも非常に強力であることがわかります。

既存サービスの「価値」は何か

ここではモノやサービスの「提供価値」について考察してみたいと思います。世の中の多くの人々は自家用車を購入しますが、なぜ買うのでしょうか。決して「鉄の塊」が欲しい訳ではありません。人が自家用車を買うのは、自家用車の提供価値に共感しているからです。

共感する提供価値は人によって異なります。子供が生まれたばかりの家庭であれば「大きな荷物を運べる」という価値に共感するかもしれませんし、スピードの出る格好の良いスポーツカーが好きな人であれば「運転を楽しめる」や「友達に自慢できる」といった価値に共感するかもしれません。移動の際に混雑が嫌いな人であれば「プライバシー空間がある」といった価値に共感するでしょう。

いずれにせよ、人々がモノやサービスを利用したり購入したりするのは、それらがもつ提供価値に共感しているからです。したがって、ターゲットユーザーが共感するであろう提供価値をサービスの作り手が読み間違えた場合には、ビジネスにおいて大きな失敗を招く可能性があります。

車の運転が好きで自動車メーカーに就職し、何十年にもわたり自動車のサービス開発に従事している人が、車の価値は「運転する喜びだ」と信じて車を設計したとしましょう。これまでの世代の人々は車の「運転を楽しめる」という提供価値に共感して車を買ってくれたかもしれませんが、「Z世代」と呼ばれる1990年半ば～2010年代初頭生まれの人たちは、もしかしたら「運転を楽しめる」という提供価値には共感しないかもしれません。もし共感してくれる人がほとんどいなかったら、全く売れない車種となってしまう可能性があります。ましてや、自動運転が一般的になっていくであろうこれからの時代においては、車の「運転を楽しめる」という提供価値自体が消滅してしまう可能性すらあります。

人々の共感する「提供価値」は時代やテクノロジーの進歩とともに変化するため、サービスの作り手は常に「自分たちの作るモノやサービスのどんな提供価値に人々は共感するのか」を見定めなければなりません。

今、世の中では「メタバース」が非常に注目を浴びています。メタバースとは、コンピューターネットワーク上に構築された三次元の仮想空間です。「アバター」と呼ばれる自分の分身で参加し、そこがもう1つの現実世界であるかのように会話したり、買い物したり、生活ができる場となっています。世界中の多くの企業がメタバースに次のビジネスチャンスを見いだし、次々に参入していますが、その中でもメタバース上の不動産が高額で取引されるニュースが世間を騒がせました。

デジタル上の不動産が「誰のものであるか」は、非代替性トークン（NFT）という技術を活用することで証明し、「唯一無二のもの」にすることでデジタルデータに経済的価値をもたせています。

しかし、ここで注意しなければいけないのは、リアルの世界の不動産とメタバース上の不動産では提供価値が異なることです。NFTが担保しているのは、リアル世界の不動産においては住所が唯一無二性を担保しているように、メタバース上の不動産の「唯一無二である」という提供価値だけです。
それ以外の提供価値については、リアルの世界の人々の生活とメタバース上の人々の生活が異なる限り、リアルの世界の不動産がもつ提供価値群とメタバース上の世界の不動産がもつ提供価値群は異なります。メタバース上で今後繰り広げられる人々の生活がどのような形となり、その中で「メタバース上の不動産」というものがどのような価値を人々に与えるのか、そこを適切に見定めなければ、価値のないメタバース上の不動産に高額な資金を投資し、結果として大きな損失を被る可能性があります。これは、メタバース上の不動産に限らず、そこで取引されるあらゆるアセットに共通して言える事です。

このように、世の中のモノやサービスについて考える時は、その名称や外形に囚われるのではなく、それが人々に提供する価値に着目することが大切であることがわかります。また、モノやサービスは通常は複数の提供価値をもち合わせるため、モノやサービス自体は「提供価値の組み合わせ」と捉えることができます。先ほどの自家用車の例で言うと、「大きな荷物を運べる」「運転を楽しめる」「友達に自慢できる」「プライバシー空間がある」

といった提供価値の組み合わせであるということです。

もし、人々が共感する提供価値を自分たちの作るサービスに上手く組み込むことができれば、人々はそのサービスに価値を感じ、利用または購入をしてくれます。すなわち、製品やサービスを企画するということは、人々が共感する提供価値を見いだし、それらを組み合わせていくことに他なりません。これを「提供価値の統合」と言い、必要な提供価値をサービスに足して新しいサービスコンセプトを作ります。このように考えると、サービスコンセプト作りは、提供価値の「足し算」という論理的アプローチによって実現可能であることがわかります。


では、実際にサービスコンセプトを作ってみましょう。例として、「新しい自家用車」のコンセプトを考えてみます。前述のように、自家用車は既に様々な提供価値の組み合わせによって成り立っています。では、プラスアルファでどのような提供価値を追加すれば良いのでしょうか。

ここで有用なのが「ランダム発想法」です。ランダム発想法とは、物事をランダムに選び（あるいは辞書を引きランダムに名詞を選んで）、選択したものの要素を強制的に他のものに関連づけて新しいアイデアを生み出す発想法です。この要素を提供価値に置き換えれば、ランダム発想法を用いて新たなサービスコンセプトを作ることができます。

例えば、自動車に加えるものとして「スマートフォン」を考えましょう。スマートフォンの提供価値として、「通話ができる」「持ち運べる」「スキマ時間を楽しめる」などが挙げられます。自家用車に「通話ができる」という提供価値を足しても、新たなサービスコンセプトは生まれません。既に多くの車には通話機能が付いており新結合ではないため、イノベーションとは言えません。

しかし、「持ち運べる」や「スキマ時間を楽しめる」という提供価値を追加すれば、新しいサービスコンセプトは作れそうです。「持ち運べる」という提供価値を足したものとしては、「持ち歩けるクルマ」というコンセプトとして『WALKCAR（ウォーカー）』というサービスが日本で生まれています。WALKCARは実際にはクルマというより電動スケボーのような乗り物で私たちがイメージする「車」とは異なりますが、サービスコンセプトとしては合致します。

また、「スキマ時間を楽しめる」という提供価値を足せば、「フロントガラスやウィンドウが液晶パネルになっていて車内で様々なコンテンツを楽しめる」といったコンセプトが思いつきます。自動運転が普及すれば、もはや運転手は運転する必要がなく、車内空間がエンターテイメント空間に変わることは想像に難くありません。このように、既存サービスに他のサービスの提供価値を組み合わせることで、新しいサービスコンセプトを生成できます。

因みに、提供価値には大きく分けて2種類あります。1つは「機能的価値」で、もう1つは「情緒的価値」です。

「通話ができる」や「持ち運べる」などは、サービスの具体的な機能を表しているため機能的価値と言えます。一方の情緒的価値とは、「ユーザーの感情にプラスの影響を与えてくれる価値」であり、アップルが製品を通じてユーザーに与えている「クールな気持ちになれる」や「自分らしくいられる」といったものです。

近年は、世の中にモノやサービスが溢れかえり、機能的な価値による差別化はどんどん難しくなっています。それに従い、人々は機能的な価値よりも情緒的価値を大切にする傾向があるように感じます。情緒的価値は企業のブランドを構築するうえでも非常に重要な要素です。アップルは、そのような時代の先端を行き、牽引する存在であるからこそ、人々に愛され、時価総額世界一の企業にまでなりました。自社の製品やサービスに新たな提供価値を統合してサービス設計を行う際には、ぜひ機能的価値だけではなく、情緒的価値にも着目すべきです。

「当たり前」を疑う

イノベーションとは「新結合」であることは説明しましたが、根本的な疑問として、何のために新結合を行うのでしょうか。それは、新結合によりこれまでの価値観を変えるような「人々にとって価値のある新しい当たり前」を創造するためです。これを実現するためには、まずは今の「当たり前」を疑い、新しい「当たり前」をベースに人々の体験をリデザイン（再設計）する必要があります。

とは言っても、人間は過去の経験や周囲のコンセンサスによって勝手にバイアス（先入観）

をもってしまう生き物で、今の「当たり前」を疑うこと自体を非常に苦手としています。そのため、意識的に今の「当たり前」を疑うことが必要です。その思考法を「転換思考」と言います。

転換思考から生まれたサービスの例としては、ゲーム機の『Wii』や、子供用運動靴の『瞬足』が挙げられます。

Wiiは任天堂が開発し、2006年に発売した家庭用ゲーム機です。任天堂は古くは『ファミコン（ファミリーコンピュータ）』で大ヒットを飛ばし、一世を風靡しました。

しかし、1994年にソニーの『プレイステーション』が登場。プレイステーションは高度なコンピューターグラフィックス（CG）を駆使し、よりリアリティのある画像や動きを再現することで、当時のゲーム愛好者の心を摑みました。ところが、プレイステーションはゲームにリアリティを求めるあまり操作性がどんどん複雑化し、一部のゲーム愛好者を除いて「ゲーム離れ」が加速しました。すなわち、ファミコン時代にはシンプルな操作性であったため、老若男女問わず幅広い世代の人がゲームを楽しんでいましたが、プレイステーションの複雑な操作性は高齢者や女性にとっては難しく、「家族皆で楽しめる」

というファミコン時代にあった体験が損なわれてしまったのです。

そのような課題を解決したのがＷｉｉです。Ｗｉｉの開発チームは「シンプルな操作性でありながら、ゲームの中のキャラクターの複雑な動きを再現する」というトレードオフを解決することに取り組みました。その時に目を付けたのが「動くのはゲームの中のキャラクターだけで、操作をする人間はソファに座って動かない」というバイアスでした。このバイアスを取り払って、「ゲームの中のキャラクターだけでなく、操作している人間も動けば良い。そうすれば、コントローラーの操作はシンプルでも問題ない」と考えたのです。

実際に開発されたＷｉｉのコントローラーは、十字キーに数個のボタンだけが付いた操作性が非常にシンプルなものとなりました。このコントローラーで賄えないキャラクターの複雑な動きは、コントローラーを握っている人間が実際に動いて、それをテレビの上に設置したセンサーで検知し、その動きをキャラクターに反映させるという仕組みで「シンプルな操作性でありながら、ゲームの中のキャラクターの複雑な動きを再現する」というトレードオフを解決したのです。

そのようなコンセプトのもとで開発されたＷｉｉは、普段ゲームをしない人やファミリー層に受け入れられ、結果的に任天堂の据え置き型ゲーム機では初となる１億台を超える出荷台数を記録し、大ヒットを収めました。

また、ランニングシューズの『瞬足』も転換思考から生まれた商品です。瞬足は靴メーカーのアキレスが開発し２００３年に発売されました。２００９年には年間５００万足も販売される大ヒットとなっています。瞬足の特徴は、靴底のソール部が「左右非対称」な点です。

当時、シューズメーカー各社は「速く走れるシューズ」を作ろうと、「できる限り軽いシューズ」の開発に尽力していました。しかし、アキレス社は異なったアプローチで開発に取り組みます。瞬足はジュニア向けのシューズのため、走る場所は学校のトラックが想定されます。トラックは直線部分だけでなく、反時計回りの「カーブ」からできています。

さらに、目的は「１周のタイムを早くする」ことであり、最高速を上げる以外の方法であっても、タイムが早くなれば目的は達成されます。

そこで、アキレス社は、「タイムを早めるためには最高速を上げなければならない」というバイアスを取り払い、「タイムを早めるためには、トラック1周の中で最も速度が遅いポイント（最低速度）を向上させれば良い」と発想の転換を行います。当然、トラック1周で最も速度が遅いポイントはカーブです。

次に、「カーブを曲がる時は大きく減速する」というバイアスを取り払い、「カーブは全速で走るものだ」という新たな「当たり前」を作ろうと考えます。しかし、通常のシューズでカーブを全力で走ると当然転びます。スリップしてしまうからです。であれば、反時計回りにカーブを回った時にスリップしないように、靴底の「右足のインサイド」と「左足のアウトサイド」にそれぞれスパイク状のグリップを装着すれば良い、という発想に至ります。このような発想で「左右非対称のシューズ」が開発され、「圧倒的にトラックを速く走れるシューズ」として大ヒットしたのです。

それまでシューズ業界で働いていた人たちには、「シューズは左右対称でなければならない」というバイアスもあったでしょう。なぜなら、それまでのすべてのシューズが左右対称だったからです。それゆえに瞬足の登場と大ヒットは業界に大きな衝撃を与えました。

瞬足は、「タイムを早めるためには最高速を上げなければならない」「カーブを曲がる時は大きく減速しなければならない」「シューズは左右対称でなければならない」といういくつものバイアスを取り払うことで成功した非常に面白い事例と言えます。

シューズで言えば、リーボックのスニーカーである『イージートーン』も発想の転換から生まれた商品です。「スニーカーは歩きやすい方が良い」というバイアスを取り払い、あえて歩きづらいスニーカーとしてイージートーンは開発されました。「歩きづらく」することで日常の歩行でより多くのカロリー消費を可能にするだけでなく、〝バランスポッド〟と呼ばれるやわらかいソールがバランスボールの上にいるような不安定感を作り出し、体が無意識にバランスをとろうとするため、脚やヒップの筋肉活動量が増えてエクササイズ効果を生み出します。

「履くだけのジム」というキャッチフレーズで売り出され、ジムに通う時間がない忙しい女性にヒットしました。わざわざ運動の時間を取らなくとも、ショッピングに出かけたり、通勤や通学時に履くなど、日常生活に取り入れるだけで運動効果が得られるところが大きな魅力となったのです。

バイアスを取り除く

それでは、どのようにすれば自分自身のバイアスを取り払って、今の当たり前に囚われない新たな発想を生み出せるのでしょうか。ここでは、意識的にバイアスを取り除く方法をご紹介します。

まず、自分が当たり前だと思っている「無意識の前提条件」を書き出します。例えば、自動車に関して言えば「タイヤは4つ付いている」「前に進む」といった前提条件です。

次に、これを「～ではなくても良い」という形に変換します。「タイヤは4つでなくても良い」「前に進まなくても良い」ということになります。そして、「タイヤが付いていない自動車はどんな自動車だろう?」「タイヤが1個の自動車はどんな自動車だろう?」「後ろに進む自動車はどんな自動車だろう?」「横に進む自動車はどんな自動車だろう?」と順に想像を巡らせ、これまでとは全く異なる「新たな前提条件」のもとで「新たな自動車」について考えます。

このように機械的に「無意識の前提条件の抽出」と「新たな前提条件の導出」を行うこ

とで、これまで考えたことのない革新的なアイデアを発想することができます。人々がありきたりなアイデアしか思いつけない理由は多くの場合、解くべき問題に対し、誰もが当たり前と思っている前提のもとでアイデアを考えているからであり、誰も考えたことのない前提条件のもとでアイデアを考えるという思考アプローチを行うだけで、革新的なアイデアを発想しやすくなります。

実際、「自動車は自分で所有するものだ」という前提条件を「自動車は自分で所有するものでない」に変換してカーシェアリングのアイデア、「自動車は人間が運転するものだ」という前提条件を「自動車は人間が運転するものでない」に変換して自動運転のアイデアが生まれています。

前提条件を変換できるケースには2つのパターンが存在します。1つは、以前からずっと「新たな前提条件」が有効だったにも関わらず、人々のバイアスが障壁となり誰も「新たな前提条件」の検証（新たな前提条件のもとで革新的なアイデアを生み出せないか考えを巡らせること）を行わなかったケースです。こちらは前述した前提条件の反転、検証のプロセスを踏むことでバイアスを除去し、発想の転換を行えます。カーシェアリングのアイデアはこちらに該当します。

もう1つは、以前は技術的な障壁などによって「新たな前提条件」が成立し得なかったが、新技術の登場によって「新たな前提条件」のもとでアイデアを考えることが可能となったケースです。こちらは新技術が登場した時点で、「この技術によって、これまで当たり前と思われていた前提の中で、どの前提条件が変化するか」を考えることが重要となります。自動運転のアイデアはこちらに該当します。センサーによる画像認識技術が発達して道路の状態を正しく把握できるようになり、その画像情報から接触の危険性の判定や最適なドライビング提案がＡＩによって実現するならば、「自動車は人間が運転するものでない」という新たな前提条件が成立し得るということに気づくことができます。

いずれのケースにおいても、物事を捉える際には、「どんな前提条件の下で自分はものを考えているのか。その前提条件は本当に検証された正しいものなのか」を常に意識することが重要と言えます。

革新的なアイデアを生み出すためには大幅な発想の転換が必要です。そして、大幅な発想の転換を実現するためには、より遠くへ発想を飛ばすような前提条件を転換しなければなりません。その際に有効なのが「抽象化」の技術です。

「新しいペットを考案する」というテーマに対して転換思考を活用してみましょう。ここに、「ジョンという犬のペット」がいたとします。このジョンを起点に転換思考を使って新しいペットを考案してみます。このジョンの無意識の前提条件は「ジョンは犬である」です。この犬を抽象化していきます。すると、「ジョンは哺乳類である」、「ジョンは生き物である」となります。これらも抽象化されたとは言え、同様にジョンの無意識の前提条件です。

次に、「ジョンは犬である」「ジョンは哺乳類である」「ジョンは生き物である」の3つの前提条件を転換してみましょう。「ジョンは犬でなくても良い」「ジョンは哺乳類でなくても良い」「ジョンは生き物でなくても良い」となります。「ジョンは犬でなくても良い」なら猫というペットのアイデアが出るかもしれないですし、「ジョンは哺乳類でなくても良い」なら爬虫類のペットのアイデアが出るかもしれません。「ジョンは生き物でなくても良い」になれば、『ａ・ｉｂｏ』のようなペットロボットのアイデアが出るでしょう。猫のペットや爬虫類のペットに比べて、明らかにペットロボットのアイデアは革新的です。その理由は、集合の大きさとして、「犬の集合」∧「哺乳類の集合」∧「生き物の集合」であり、抽象化＋転換のプロセスにより、より大きな集合（＝生き物の集合）の外に発想を飛ばすことになるからです。

このように、大幅な発想の転換をしたい場合には、まずは物事を抽象化してから転換思考を使うアプローチが非常に有効となります。

第四章

「新たな価値」を創造する

「建設的批判」が価値を生む

人間とは非常に主観的な生き物です。いかに客観的に物事を捉えようとしていても、自分1人で考えていると、様々な思い込みや感情により主観的なアウトプットをしてしまいます。

皆さんも、夜中に集中して企画書を書き上げて「これはすごい出来だ！」と思っていても、翌朝読み返してみると、「なぜ昨晩はこんなのをすごいと思ったんだろう。全然良くない」と感じた経験はないでしょうか。また、複数人であっても、外部とのコミュニケーションをせず自分たちだけでビジネスコンテストのアイデアを考えた場合は、自分たちでは「素晴らしいビジネスアイデアだ！」と思っていても審査員から厳しいフィードバックを受ける、というのはよく見かける光景です。

このような事態を回避するためには、企画立案プロセスやアイディエーション（アイデア出し）に全く関与していない第三者からフィードバックを受けて、客観的な意見を取り入れていく必要があります。デザイン思考のプロセスにおいても、プロトタイプを作った時点で第三者からフィードバックを受けるステップが含まれます。

しかし、フィードバックをする側も、ただ「良いと思う」「良くないと思う」という感想を伝えるだけでは企画者に対して充分な価値を提供できません。特にネガティブなフィードバックを伝える際には、相手に対して「どの観点から見て良くないと思うのか」を明確にし、何かしらの提案がある場合には「〜の観点から考えてみたらどうか」など、フィードバックによってアイデアがブラッシュアップされることが期待される「建設的批判」を行うことが大切です。「こんなアイデアを出すなんてバカなんじゃないか」など人格否定を行うのはもってのほかです。


アイデアの評価基準としては、どのようなものが適切でしょうか。第一章の『「反対9割」こそが良いアイデア』でも触れましたが、ここではもう少し詳しく説明しましょう。

アイデアの基準は各サービスのカテゴリによって個別に設定されるべきものと、カテゴリに関わらずあらゆるアイデアにおいて共通なものが存在します。ここでは、後者の汎用的な基準について考察します。他者のアイデアに対するフィードバックを行う際だけでなく、ぜひ自分自身のアイデアを客観的に評価する際にも参考にしてください。
まず良いアイデアであるためには、想定しているニーズが市場に存在していることが最低限必要となります。したがって、「想定しているニーズに対して（人々が）共感できる」という「ニーズへの共感度」が必須条件です。想定しているニーズが顕在ニーズの場合はアイデアレベルであっても第三者から適切なフィードバックを得られますが、デザイン思考のプロセスで述べたように、潜在ニーズの場合はプロトタイプを先に作成してからでないと、見当違いなフィードバックを得てしまうので注意が必要です。

ニーズに対するもう1つの条件は、「そのニーズを満たすことが他の方法では容易ではない」という「ニーズの未実現度」です。「朝からずっと何も食べていないのでお腹がすいた。何か食べたい」というニーズに対して、人々は「そうだよね。お腹すくよね」と共感はするでしょう。しかし、少なくとも先進国で食べ物が豊富にあるならば何か買って食べれば満たされるニーズなので、ニーズの未実現度は高いとは言えません。一方、食べ物が不足している発展途上国においてはニーズの未実現度は高いかもしれません。同じニーズであっても国や場所、さらに時代によっても変化するので、ニーズの有無を判断する際には「いつ、どこの、どんなシーンにおけるニーズなのか」という要素が重要であることがわかります。ニーズについて第三者に説明する際には、必ず「時」、「場所」、「シーン」に関する情報とセットで語るようにしましょう。

次はソリューションに関する条件ですが、前提として理解しておくべきことがあります。それは、ニーズとソリューションは「重要度として同列ではない」ということです。結論から先に言うと、ニーズの質の方がソリューションの質よりも重要です。ビジネスアイデアを考える時に、想定するニーズの質が良くてソリューションの質が悪い場合には、ソリューションを徐々に改善していけばユーザー体験は向上しますが、ニーズの質が悪い場合はどんなにソリューションを磨き上げてもユーザー体験はほとんど向上しません。そもそも、ユーザーに強いニーズが存在しないからです。

実際、失敗したスタートアップの原因を調査すると、そのほとんどが「想定していたニーズが市場に存在しなかった」というもので、「他社との競争に負けた」などの外部競争要因の理由よりも遥かに数が多かったそうです。簡単に言うと、「誰も欲しがらないモノを一生懸命作っていた」ということです。

したがって、初期段階のアイデアの評価を行う際には、よりニーズへの評価をきっちり行うことが重要です。イメージとしては、「ニーズへの評価」:「ソリューションへの評価」＝7:3くらいの比率で時間やリソースを配分するのが適切でしょう。

その前提を踏まえたうえで、ソリューションの評価基準について考えてみます。

前述の通り、「提示するソリューションが顧客のニーズを満たすのに有効であること」、「提示するソリューションが技術的に実現可能であること」の2点が重要となります。前者が有効性、後者が実現可能性であり、有効性と実現可能性は常にセットで考える必要があります。

現状の技術水準では実現が難しくても、数年、業界によっては10年以上の研究開発により実現可能性が高まると同時に、それが非常に有効であると期待できるソリューションであれば高く評価すべきです。また、ソリューションの独自性を評価基準に入れるかは、ニーズの未実現度とセットで考える必要があります。

ニーズの未実現度が既に非常に高い場合であれば、ユーザーにとってソリューションの独自性は、改めて評価項目に入れる必要がないほど自然と高いものとなりますし、ユーザーは他の代替サービスと比較することなく自社のサービスを選択してくれるでしょう。他に当該ニーズを満たしてくれるサービスが存在しないわけですから。

一方で、ニーズの未実現度がそれほど高くない場合は、当該ニーズを満たしてくれる競合サービスが市場に存在していることを意味するため、ソリューションの独自性が重要となります。例えば、そのサービスを使った時の体験が他社サービスに比べて圧倒的に優れている、などです。製品の使いやすさや見やすさを表現する「UI」、あるいはユーザー体験とされる「UX」による差別化はもちろん、新技術開発による唯一無二の便利な機能やビジネスモデルの変革による価格競争力なども独自性を構築していくうえで重要な要素となってきます。このように、ソリューションの評価基準としては、有効性、実現可能性に加えて、場合によっては「独自性」という観点が必要です。

また転換思考を活用したフィードバックを行ってあげることも、アイデアをブラッシュアップするうえで非常に有効です。一般的に、アイデアを考えている当人はどんどん主観的になってしまうため、強いバイアスがかかってしまう傾向があります。そのバイアスを取り払うためのフィードバックを行ってあげることでアイデアが革新的に変化していくのです。

フィードバックの進め方ですが、まずはアイデアを聞いている最中に気になった部分について、「〜の部分はどうなっているの？」と詳細について質問してみると良いでしょう。バイアスがかかっている部分はその人にとって当たり前過ぎて詳細について深く考えていない可能性が高いからです。

ある建物を考えてみます。「この建物にはどうやって入るの？」と聞いてみると、「ドアはここにあって〜」と説明が返ってくるかもしれません。そこで、「ドアは本当に必要なのかな？」と問いを投げてあげるのです。すると、「確かにドアは要らないかもしれない」と新たな前提条件でアイデアの考察を始めるでしょう。「建物にドアがあるのが当たり前」というバイアスを取り払ってあげるためのフィードバックです。最終的にはあらゆる前提条件でものを考えたうえで「ドアがあるアイデアの方が良い」という形に落ち着くかもしれませんが、少なくともドアがない前提でも一度考えてみるというプロセス自体が思考の網羅性を満たすうえで重要です。このように常に客観的にものを捉えることができる立場の人は、上手くフィードバックを行うことでバイアスを取り払い、アイデアの質を昇華させる手伝いができます。

1人のアイデアより皆のアイデア

イノベーションを創発するためには、多様な価値観をもつ人々が集まり、意見を出し合うことが不可欠です。よく、イノベーションを起こすためには「若者、バカ者、よそ者」の意見が必要と言われます。新たな価値観と強力なエネルギーをもつ若者、旧来の価値観の枠組みからはみ出たバカ者、組織の外にいて従来の仕組みを批判的に見るよそ者の意見が重要というわけです。

この考え方は近年注目され始めた「ダイバーシティ経営」とも通ずるところがあります。ダイバーシティ経営とは、管理職における女性比率などの形式的なものはもちろんのこと、多様な価値観をもつ人材を上手く活用してイノベーションを起こしていく経営を指します。経済産業省によると「多様な人材を活かし、その能力が最大限発揮できる機会を提供することで、イノベーションを生み出し、価値創造につなげている経営」と定義されています。

当然、組織としてイノベーションを起こすためには、ダイバーシティだけでなく、インクルージョンも必要となってきます。インクルージョンとは、日本語に直訳すると「包括、包含」となります。ダイバーシティを多様性だとすると、その多様性をお互いに認め合い、価値創造に上手く活かされている状態を言います。

インクルージョンという言葉自体は、もともとは障害者に差別のない教育を施すなど、社会的排除（ソーシャル・エクスクルージョン）に対する概念として生まれました。近年は、企業に在席するすべての従業員が、もち得る能力や経験が認められて仕事に参画でき、国籍や性別、学歴などにとらわれず就業機会が与えられる、といったように、ビジネスシーンにおいても幅広く使われるようになってきました。

ここでは、イノベーション創発のための社内議論のシーンを例に、ダイバーシティとインクルージョンの重要性を考察してみたいと思います。

ある会社において、社内でチームメンバーが集まって、新規事業創出のためのアイデア出しをしているとします。Aさんが自分のアイデアXが良いと主張、Bさんは自分のアイデアYの方が良いと主張したとします。

まず、ダイバーシティのない組織においては、同じような価値観をもった人しか組織内にいないため、似た意見やアイデアしか生まれてこない傾向が高くなります。その点、この会社では、AさんのX、BさんのYという全く異なったアイデアが出ているという時点で、一定のダイバーシティが存在することがわかります。よりダイバーシティがある組織においては、Aさん、Bさんだけでなく、Cさん、Dさん、と次々に全く異なった観点からのアイデアが生まれることとなり、ダイバーシティの向上によりアイデアの多様性、観点の網羅性が高まっていき、より良いアイデアに遭遇する確率は向上していきます。

一方で、ダイバーシティばかりが高く、インクルージョンが低い組織の場合、チームメンバー内に亀裂が生じることがあります。AさんがBさんのアイデアYの問題点ばかりを指摘、BさんがAさんのアイデアXの問題点ばかりを指摘して、お互いのアイデアの良さに目を向けて認め合わなかったら、気持ち良く議論を続けることはできないでしょう。インクルージョンの高い組織とは、各人が自分の意見はきっちりと主張しつつも、自分の意見と相反する意見にもきっちりと耳を傾け、互いに良い部分は認め合える文化やマインドセットが醸成されている組織です。

互いのアイデアをインクルージョンしていく際に武器となるのが、前述の「統合思考」の考え方です。統合思考を使わない場合、AさんとBさんのアイデアのどちらが良いか優先順位を付けよう、という議論になりがちです。ここで統合思考を駆使すると、「XとYのアイデアのいいとこ取りをして、より良いアイデアZを新たに考えよう」となるわけです。こうすることで、アイデアとしてもZは良いはずですし、AさんとBさんは自分の意見が一部は取り入れられているので気分も悪くはありません。ダイバーシティのメリットを最大限に活かすためには、インクルージョンのマインドセットをベースに統合思考を駆使して価値創造力を高めることがポイントとなります。

そもそもイノベーションとは「新結合」です。チームメンバーの様々な価値観が統合されることで新たな価値が生まれることはイノベーションそのものであり、そのような新結合が生まれる社内文化や環境（ダイバーシティ&インクルージョン）を整えることこそが、イノベーション企業としてまず優先すべき取り組みと言えます。

「あれもこれも」はNG

サービス設計においては、想定される顧客ニーズを機能として取り込むことは非常に重要です。それらのニーズは、サービスリリース前でのニーズ調査やリリース後の顧客からのフィードバックから収集可能です。しかし、「顧客の声を聞く」というのはサービスを設計、改善していくうえで最も大切にしなければならないプロセスである一方、その意味を取り違えると大きな失敗を招くことにもなりかねません。ここでは、サービスリリース前、リリース後の各フェーズにおいて、どのようにして顧客ニーズをサービスに反映させていくべきか考察します。

まず、サービスリリース前の段階においては想定顧客に対するインタビューなどを行うことでニーズ把握を行いますが、まだ世の中に存在しない革新的なサービスを作ろうとする場合には、顧客は自身の潜在ニーズを上手く言語化できません。そのため、デザイン思考のプロセスに従って、サービス設計者が顧客に「共感」することで潜在ニーズに対する仮説を立て、そのニーズを反映したプロトタイプを作成し、顧客に提示することで正しいフィードバックを獲得することになります。このようなプロセスを通じて仮説に対する検証を行い、潜在ニーズを明らかにしていきます。さらに、「ニーズの統合」などの手法を用い、より強い良質のニーズを構築していきます。

そして、これらのニーズを同時に満たすソリューションを考案していくことになりますが、その際に留意しなければいけないのは「ソリューションはシンプルでなければならない」というポイントです。当然、良質のニーズを統合するほど、それを満たすソリューションに対する顧客のニーズは向上していきます。

しかし、1つのニーズを満たす度にボタンや機能が追加されていくと、全体として非常に複雑なUI／UXとなってしまい、顧客の体験が悪くなってしまいます。

このような問題はサービスリリース後にも発生します。サービスをリリースして顧客を獲得すると、様々な改善要望が顧客から届くようになります。この要望やフィードバック自体はサービス改善にとって非常に重要な情報である反面、「顧客の声を聞け」に忠実に従って顧客からの要望をすべて機能実装していくと、機能過多の複雑なＵＩ／ＵＸとなってしまい、かえって顧客の体験が悪くなってしまいます。

このような問題に実際に直面した例としては『Evernote』が有名です。Evernoteは、オンライン上で使用できるノートアプリで、２０１２年時点で10億ドルの企業評価額がついた急成長の企業でしたが、その後、顧客ニーズに合わせて機能を増やし続けた結果、業績不振に陥ってしまいました。

「機能を増やしすぎて複雑になってしまったなら、また機能を減らせば良いだけじゃないか」と思うかもしれませんが、それがなかなかできないのです。その原因が「５％問題」と呼ばれるものです。５％問題とは、ユーザーは数多くある機能のうち全体の５％程度しか実際は利用しておらず、しかも各ユーザーが別々の異なる５％を使っている状態を言います。この状態では、機能を減らそうとしても、どの機能も、既存ユーザーの誰かが使っているため、おいそれと減らすことができません。

また、新規ユーザーにとっては機能過多の複雑なUI／UXとなってしまっているため利用開始に伴う学習コストが高く、新規ユーザーのサービス離脱率が高くなってしまいます。一度この状態になってしまうと、脱却するためにはロイヤリティの高い大切な既存ユーザーを犠牲にするか、これからのサービスの成長を担う新規ユーザーを犠牲にするかの二者択一となってしまい、非常に厳しい経営判断に迫られてしまいます。

では、どのようにして5％問題に陥るのを回避すれば良いのでしょうか。それは、最初にサービスコンセプトを明確にして、コンセプトに合わない機能はいくら便利なものであってもサービスに実装しない、ということです。

アップルは初代iPodを「1000曲をポケットに」というキャッチフレーズで世の中に送り出しました。この「1000曲をポケットに」がサービスコンセプトだとすると、実現するために必要な機能は「1000曲が入るほど容量がある」「1000曲を管理できる」「ポケットに入るほど小さい」「ポケットに入れて持ち運べるほど軽い」くらいでしょう。

逆に、これらに関連しない機能はいくら便利であっても実装しないのです。特に、サービス開発の初期段階では、開発に関わるすべてのメンバーがサービスコンセプトを深く理解し、「コンセプトを体現するための機能しか開発しない」という意識をもって開発に取り組むことが重要です。

これができていないと、「こんな機能もあったら便利じゃないかな」とチームで話し合い、どんどんコンセプトに無関係の機能が実装され、結果として「何物でもない、特徴のないサービス」ができ上がってしまうのです。

これは、サービスリリース後においても同様です。リリース後においてはサービスコンセプトを深く理解していない顧客から、「あったらいいな」機能に関する様々な開発要望が届くようになります。この顧客の声を愚直に聞き、コンセプトに合わない機能をどんどん実装していくと、「複雑で機能過多な特徴のないサービス」になってしまいます。

もちろん、コンセプトに合っていて利便性が大きく向上する機能であれば実装していくべきですが、その際にも留意すべき点があります。

それは、「できるだけシンプルなＵＩ／ＵＸでニーズを満たせるよう工夫する」という点です。1つの顧客ニーズを満たすために1つ、もしくは2つ以上のボタンや機能を追加していくと、どんどん複雑になっていきます。逆に、1つのボタンや機能で2つ以上のニーズを同時に満たすようなソリューションを考案すれば、シンプルな構造のままで多くの顧客ニーズを満たすことが可能となります。ここはUI/UXデザイナーの力の見せ所ではあるのですが、自社に経験豊富な人材がいない場合には、世界中で使われているメジャーなサービスを調査研究してみるのも手です。自分たちのサービスで満たしたいニーズを既に機能として実装していてUI/UXが優れていると言われている他のサービスを探すのです。そういったサービスは既に考え尽くされて最終的にでき上がったものなので、1から自社で考えるよりも先人の知恵を借りた方が圧倒的に時間の節約ができますし、そのまま使えなくとも大きなヒントは得られるので有効なアプローチです。

中には、「他サービスと同様のものを採用するなんて独自性に欠ける」と感じる方もいるかもしれませんが、サービスのすべてのUI/UXに独自性は必要ありません。

逆に、すべてのUI/UXが新しいと直感的に使えず、ユーザーへのストレスが大きいものとなります。ユーザーは色々な他のサービスを使う中でＵＩ／ＵＸについて無意識に学習しているので、むしろ似ている方がユーザーフレンドリーなのです。他のサービスに存在しないコアの独自機能に関するＵＩ／ＵＸの部分で独自性を発揮するようにしましょう。

最後に顧客ニーズのヒアリングに関する留意点です。顧客から届く声は、ニーズではなく「ウォンツ」であるケースが多々あります。ニーズとは「～したい」「～の状態でありたい」といった目的を指すものであり、ウォンツとは「～が欲しい」という具体的なソリューションを指します。サービスコンセプトに合う形で顧客ニーズを実現するソリューションを考案するのはサービス提供者側の役割であり、顧客側の役割ではありません。

自社のサービスコンセプトを深く理解していない顧客が、コンセプトの異なる他サービスにあるボタンや機能をリクエストしてきた場合、そのまま実装してしまうと自社のコンセプトと合わないＵＩ／ＵＸができ上がってしまう可能性があります。あくまで、顧客からはニーズ、特に潜在ニーズの抽出に注力し、そのニーズを自社のコンセプトに合う形で機能や操作性のデザインをし、実装することが重要です。

ナンバーワンよりオンリーワン

市場においてナンバーワンを目指すことは、ビジネスにおいて常に正しい戦略のように聞こえるかもしれません。しかし、この戦略は既に市場が存在する事業領域において競合が多数存在し、そこで他社と競争することを前提としたものです。

特に新市場型破壊的イノベーションの場合、社会にイノベーションを起こすということは、自分たちで新たな市場を創造するということを意味しています。初期の段階では、そもそも競合は存在しません。

世の中でまだ誰も気づいていない潜在ニーズをいち早く発掘して革新的なサービスを作り上げ、熱狂的なファンを生み出していくのです。その時点では、あなたの会社は市場においてナンバーワンではなくオンリーワンです。ペイパルの創業者であるピーター・ティールも、『ゼロ・トゥ・ワン　君はゼロから何を生み出せるか』（NHK出版）の中で、「市場を独占せよ」「競争に巻き込まれた時点で負け」と何度も繰り返しています。

もちろん、あなたの会社が作ったサービスが世の中で大ヒットすれば、他社もここぞと市場に参入してきます。その中でいかに独自性を発揮し続け、ユーザーにとって「オンリーワン」の存在であり続けるかが重要となります。オンリーワンであり続けるために自社でとれる戦略にはいくつかの選択肢があります。

1つ目は「特許戦略」です。オンリーワンの技術やビジネスモデルを考案したならば、他社が模倣できないように特許として権利を守ってしまうという戦略です。アマゾンが「1-Click注文」の特許を取得したことにより大きな優位性と独自性を確保してきたことは前述の通りです。ただし、一口に特許を取っておくと言っても、周辺特許を他社に取られてしまったら優位性を維持することが難しくなってしまう可能性もありますし、どの国の特許を取っておくべきかなど、綿密な特許戦略を自社の中長期的な事業戦略に合わせて設計しておくことが重要です。

2つ目は「ブランド戦略」です。他社が模倣したサービスを後発で出してきても、自社のサービスを顧客に選んでもらえるように自社のブランド価値を上げておくという戦略です。アップルのiPhoneがその典型でしょう。アップルは、携帯電話上で様々なアプリケーションを楽しめるという「携帯電話の再発明」をiPhoneという製品によって成し遂げ、それによって生み出されたスマートフォン市場という巨大な市場に競合他社が次々に参入してきました。

しかし、いまだにiPhoneはスマートフォン市場において大きなプレゼンスをもち、特に日本においては圧倒的なシェアを誇っています。これはブランド戦略の賜物であり、アップルの熱狂的ファンは他社が安価な模倣品をリリースしても、選択肢にも入れません。

ブランド戦略はサービスやプロダクト単体だけでなし得るものではなく、企業としてのブランディングを高めていくことが重要です。アップルの場合、「Think different.（違う視点で考える）」「Your Verse（あなたの詩＝あなたらしく生きる）」といったフレーズからもわかるように、常に革新的なプロダクトを生み出そうとする企業文化や、アップル製品を所有する人々の人生を豊かにしようとする理念に共感しファンとなっています。アップルがこのような企業理念に反するような行為をしたり製品を出さない限り、彼らはずっとアップルを支持し続け、アップルの新製品を購入し続けるでしょう。もちろん、他社の製品がブランド価値の差以上の価格メリットや機能差を出せば一部は他社製品に流れてしまうでしょうが、目に余るような差でなければブランド価値がその差を充分に補ってくれます。

ブランド価値を高めていくうえで重要なのは、企業として成し遂げたい世界観を明確にし、それをサービスやプロダクトに反映させ、ユーザーに伝えていくことです。テレビCMなどを通じて世界観を言語化して伝えていくことは可能ですが、実際のユーザーがサービスやプロダクトの利用を通じてその世界観を感じることができなければ、彼らはその世界観をただの建前として捉え、企業に対する信頼や愛着は高まりません。

アップルの製品はデザイン性が高く、ユーザーもそのデザインへのこだわりに共感している人も多いはずです。ジョブズが製品開発に関わっていた頃、開発途中の製品の電子基板の配線がキレイでなかったという理由で作り直させたという話があります。技術担当者は、「最終的に隠れてユーザーから見えないパーツだから問題ない」と反発したそうですが、隠れる隠れないの問題ではなく、それが「アップルの理念に反するから問題だ」とジョブズは考えました。こういった細部までのデザインへのこだわりが今のアップルのブランドを作り上げたと言っても過言ではないでしょう。

３つ目は「イノベーション」戦略です。イノベーションとは「新結合」を指すと述べましたが、ここではもう少し詳しく説明します。経済学者のヨーゼフ・シュンペーターは、「イノベーション」という言葉を、「経済活動の中で生産手段や資源、あるいは、労働力などをそれまでとは異なる方法で新結合すること」と定義しました。具体的には、イノベーションのタイプを次の５種類に分類しました。

①　プロダクト・イノベーション（新しい製品／サービスの創出）
②　プロセス・イノベーション（新しい生産方法の導入）
③　マーケット・イノベーション（新しい市場への参入）
④　サプライチェーン・イノベーション（新しい資源の獲得）
⑤　オーガナイゼーション・イノベーション（新しい組織の実現）

①は、新製品を市場に供給することによって、今まで市場を席巻していた製品などを駆逐することを意味しています。本書でここまでに扱ってきたイノベーションのタイプです。アップルのiPhoneやソニーのウォークマンなどが代表的な事例と言えます。

②は、モノの生産ラインを変革することです。例として、ユニクロの製造小売モデル（SPA）が挙げられます。SPAとは、自社で企画から製造、小売を一貫して行うモデルのことで、顧客ニーズを的確に把握でき、中間マージンを排除しリーズナブルな価格で製品を提供できたり、在庫のコントロールがしやすい、といったメリットがあります。

③は、今まで他社が取り組んでこなかった市場に参入することです。女性専用のフィットネスクラブ『カーブス』はメインターゲットを絞ることで成功しました。従来の一般的なジムは、若者からお年寄りまで、男女様々なユーザーの、様々なニーズに応えるために、トレーニング器具からプールやシャワーなどの設備までを揃える必要があり、大規模な投資が必要でした。しかし、カーブスはメインターゲットを中高年女性に絞り、大がかりな器具を必要としないサーキットトレーニングに特化したプログラムとすることで、そうし

た設備投資を不要にしました。コンパクトな店舗で住宅街にも進出でき、スポーツビジネスに変革をもたらしています。

④は、製品を作るための原材料の仕入れ先や供給ルート、消費者への配送方法などを最適化することです。最たるものはアマゾンです。これまでは配送会社に配送を依頼していましたが、配送スピードを上げるために自前で倉庫を保有し、物流網を強化することで、顧客に迅速に荷物を届けられるようにしました。

そして⑤は、イノベーションが生まれやすい環境を整えたり、仕組み・制度を導入するといった組織変革を行うことです。インターネット広告事業からスタートしたサイバーエージェントは、年次に関係なく、その人に能力とアイデアがあれば子会社の社長を任せるなど革新的な制度を組織に導入し、イノベーションを起こしやすい組織文化・制度を構築しています。

このような5つのタイプのイノベーションを多面的に推進していくことで、例え製品が他社に模倣されたとしても、生産プロセスやマーケティング、サプライチェーン、組織の変革を絶え間なく行うことで、顧客に対して「オンリーワンのユーザー体験」を提供することが可能となり、顧客にとってあなたの会社が「オンリーワンの存在」であり続けることができます。

第五章
人生に活きる「デザイン思考」

自身の「潜在ニーズ」に目を向けて

ここまではデザイン思考をビジネスに活かす方法について説明をしてきました。しかし、デザイン思考の考え方はビジネス以外の領域にも使える非常に汎用的な考え方です。

デザイン思考はよく「Canではなく Willで考える思考」とも言われます。これは、Can（できること）で物事を考えるのではなく、Will（どうありたいか）という理想の状態からのバックキャスト（逆算思考）で物事を考えるデザイン思考の特徴を表した言葉です。

キャリアを選択する際、自分の経験やスキルをもとに「何ができるか」という視点だけで自分の進路や就職先を選択すると、短期的には新天地での活躍の可能性は高まるかもしれませんが、中長期的には「本当に自分のなりたい姿」から離れていくかもしれません。もちろん、できることをやっているうちに、それがやりたいことに変化することはあります。

本来は今の自分にできることとの制約条件に囚われずに「自分が将来どうありたいか」という理想の状態をイメージし、そこから逆算をして「今何をすべきか」を考えた方が自分の描く理想に近づく可能性は圧倒的に高いはずです。そのうえで自分に欠けている経験やスキルがあるのであれば、それを習得すれば良いのです。

特に就職活動を行う大学生の場合、それまで勉強をしてきた期間よりも社会人になってから学べる期間の方が圧倒的に長いという点を考えれば、就職活動時点で「できること」だけで自分の選択肢を狭めることはナンセンスだと気づくはずです。もし、就職活動を行う時点で「自分が将来どうありたいか」が描けていないのであれば、まずは自分の本源的欲求に目を向けてみましょう。これまでの人生でどんな時に心が踊ったかを思い出し、その理由を本源的欲求の観点から考察してみれば「自分はどんな欲求が強いのか」に気づくはずです。そして、その欲求が満たされるような理想のキャリアを描いてみる、というのが1つの方法です。

また、OB・OG訪問などを積極的に行って社会人の話を聞いてみるのも手です。社会人の話を聞く際にも「何をやっているか（What）」だけでなく「なぜやっているのか（Why）」という、その人の信念やビジョンについて深掘りして話を聞くのが大切です。その中で自分が「共感」できる部分が見つかれば、「なぜ自分はこの人の話に深く共感したんだろう」

と考えることで、自分の中の「強い本源的欲求は何か」に気づくことができるかもしれません。「大企業だから大きな仕事ができる」という話に共感すれば「周りに大きな影響を与えたい」という欲求、「社会課題の解決に取り組んでいる」という話に共感すれば「社会的に良いことをしたい」「困っている人を助けたい」という欲求が強いことに気づくでしょう。そういった欲求に気づいたなら、「他にも周りに大きな影響を与えられる仕事はないか？」「他にも社会的に良いことができる仕事はないか？」と自分自身でリサーチを行い、キャリア選択の幅を広げていけば「本当に自分のなりたい姿」に近づいていけます。

重要な点は、自分自身の本源的欲求の強さは「年齢や経験によって変化していく」ということです。したがって、社会人になってからも常に「自分はどうありたいか」を考える機会を意識的に作り、内省することが重要です。もちろん、それが毎日コロコロ変わって何事も続かないというのは問題ですが、そういった機会をもたないまま、一度決めた「自分はこうありたいんだ」というバイアスに引っ張られることで知らず知らずのうちに「本当に自分のなりたい姿」から離れていってしまうのも問題です。自分のありたい姿（ビジョン）を常に意識し、それに向かっていくことが、幸福でいるための近道と言えるでしょう。

「はじめに」で少し触れましたが、ここで私自身のキャリアデザインについてお話しします。私は大阪で生まれて、18歳まで地元の公立の小中高で過ごし、東京大学進学時に上京しました。大学院を修了後、新卒でゴールドマン・サックスに入社し、その後に自身でNPO、さらにITスタートアップを創業するというキャリアを歩んできました。

これだけを聞くと一見華々しいキャリアに映るかもしれませんが、その裏では多くの挫折や思考の変化がありました。それでも今とても幸せな毎日を送れているのは、様々な経験をする中で「自分が何に幸せを感じるのか」「自分がどうありたいか」を徐々に理解していき、人生における大きな選択をしなければならない局面において、それらの軸に従って意思決定してきたからだと思っています。

かなり遡りますが、小学校3年生までは、クラスで1番の落ちこぼれでした。勉強もスポーツも何をやってもダメ。今考えると、勉強やスポーツを頑張る意義を見いだせず、ただ目標もなく毎日を過ごしていただけでした。両親は会社を起業したばかりで忙しく、私の成績がダメでも特に何も言われませんでした。彼らも必死だったのでしょう。

そんな中、私の人生で大きな転機が訪れます。小学校4年生時の担任の先生が、私に向かって「松本くんはすごく大きな可能性をもっている。私には見える」と言ってくれたのです。私はその言葉を聞いて嬉しくなり、先生を喜ばせたくて必死に頑張るようになりました。

勉強の計画を綿密に立てて、毎日家に帰ってはその計画に従って勉強しました。苦手なスポーツも毎朝5時に起きて登校前にランニングするようになりました。その結果、勉強もスポーツも成績が大きく向上し、先生はとても喜んでくれました。

両親も私の大きな変化と努力を見て心から喜んでくれました。その時、両親は私に興味がなかったわけではなく、1人の人間として、自分の意思で行動することを尊重してくれていたのだと気づきました。私はこの経験から、「目標に向かって自分なりに戦略を描き、それに従って地道に努力し、成果を残すことで自身の成長を実感したい」、「自分を信じてくれる人を喜ばせたい」という欲求が非常に強いことに気づきました。

今、私がスタートアップ企業の経営者として様々な困難がある中でも毎日を楽しめるのは、経営という仕事自体がこのような特性をもつことに加え、私を信じてついてきてくれる社員を喜ばせたいという気持ちが大きいからに他なりません。

大学時代にはボディビル（全日本学生選手権3位）、社会人になってからはアームレスリング（日本代表）、最近ではフィジーク（マスターズ優勝）という、トレーニングと栄養を完全に自己管理し目標に向かって地道な努力が必要なスポーツで一定の結果を残すことができました。これも前述した欲求が特に強い証左だと思っています。

ファーストキャリアに選んだのは、ゴールドマン・サックスという米国の投資銀行です。特にトレーダーという仕事を選択したのは、「過酷な環境に身を置くことで自身を最も短期間で成長させることができる」と感じたからです。思えば、これも「自分の成長を実感したい」という自分の欲求に従った素直な選択でした。

しかし、大人になってから新たに生まれた強い欲求もあります。それは2008年に起きたリーマン・ショックがきっかけでした。当時の私は、毎日激動するマーケット（証券取引市場）の中でトレーダーとして株や債券、金利、為替などの金融商品の売買を行い、巨額の資金を運用していました。トレーディングで利益を出すためには、金融、経済、政治などの幅広い知見に加え、高い市場分析のスキル、大きなリスクを取れる強いマインドも必要となります。ゴールドマン・サックスに在籍していた頃は週末にもオフィスに足を運び、まだ世の中であまり知られていなかったＡＩについて学び、最先端の取引戦略を磨き上げていました。それらの戦略は当初は上手く機能していたのですが、リーマン・ショックが起こった時には全く通用しませんでした。基本的にＡＩは、過去の市場の動きのパターンを分析することで未来の金融商品の値動きを予測します。「１００年に一度の金融パニック」と言われたリーマン・ショックのような大事件は過去になかったため、ＡＩが全く機能しなかったのです。私がこれまで注ぎ込んできた努力と知見がすべて否定された瞬間でした。同時に取引で損失も出し、お世話になった会社に迷惑をかけました。

私は人生のどん底にいるような気持ちになり、精神的にもかなりのダメージを受けて心が折れそうになっていた中で、自分の人生について深く考えるようになります。限られた人生において、本当に成し遂げたいことは何だろうか——。リーマン・ショックというきっかけがなければ、改めてこのようなことを考えることはなかったと思うと、良い転機だったのかもしれません。自分が努力して金融スキルを高めて市場で勝ち続けても、社会全体にはどんな付加価値を生み出しているのか。1人の人間がスキルを高めても社会に価値を還元しなければ意味がありません。金融の世界は、ゼロ・サムゲームと言われます。勝者の得点と敗者の失点を足すと総和がゼロになるということです。つまり、どんなに自分のプラスが大きくても、どこかで誰かがマイナスを被っていることを意味しています。自分がいるべき場所は、そういった世界ではない。自分の能力を高めるだけではなく、社会に価値を与えるようなことに残りの人生を使いたい——私はそう考えるようになります。社会課題の解決に取り組み、社会への価値総和がプラスになる分野に身を置くという結論に達し、ゴールドマン・サックスを退社しました。

ＡＩを研究していたこともあり、私はＡＩにできること、できないことを理解していました。ＡＩは目的を与えられたら、それを実現するための方法は過去のパターンから算出するのは得意です。しかし共感力をもたないため、どんな目的を設定すれば人が喜ぶのかわからないという弱点があります。この本で触れたように、ベストの戦略を算出してプロの将棋棋士を打ち負かせても、「王将を取り合うゲームが面白い」ということには気づけません。今後、ＡＩ技術が発展していく中で、人間が価値を創出できるのは「目的を作る力＝問いのデザイン力」だと考えたのです。

しかし、日本の教育においては、基本的に問いが与えられ、その解法を学びます。研究活動に携わる一部の人を除き、多くの人は、問いのデザインを行った経験がほとんどありません。今の日本の教育だけでは、これからのＡＩ時代に対応できず、問いのデザインができる人材を育てる仕組みや文化を社会に作るべきと考えました。ＡＩが苦手な「共感力」を養い、「問いのデザイン」を行える教育は何かをリサーチする中で出会ったのが「デザイン思考」でした。デザイン思考はまさに「共感」から始まり「問題定義」を行います。「探していたのはこれだ！」と雷に打たれたような思いでした。

デザイン思考の本場、スタンフォード大学のd.schoolを幾度か訪れて学び、シリコンバレーで発展してきたデザイン思考を日本に持ち込もうと考えました。

ただ、そのままでは日本で普及しないと感じました。なぜなら、日本はその頃ロジカルシンキングの全盛期であり、日本人は論理的思考は得意でも、デザイン的思考はもっぱら苦手だったからです。そこで、重要なエッセンスは残しつつも、日本人が得意な論理的思考を活かせる、より再現性をもって日常の業務に活かせる形にアレンジを加えました。それが、本書で解説している、私なりの「デザイン思考」の考え方なのです。

そして、2013年にデザイン思考を活用して社会課題解決に取り組む教育NPOを立ち上げました。企業と一緒になって、デザイン思考のワークショップを通じて社会課題解決に取り組もうという活動です。対象は、世間的に「就活生」と言われる世代ではない、大学1、2年生です。就活生を除いたのは、企業と学生の利害関係を排除し、純粋に学びの機会を提供したかったからです。

業界を代表する大手企業50社以上が理念に共感し、プログラム提供と協賛をして下さり、全国から3万人以上の学生が集まって日本最大規模の「学びのプラットフォーム」になりました。各企業は、どのような社会課題に取り組みどうやって解決していくか、学生と社員が一緒になって考えます。まさにSDGsのようなテーマに対して、デザイン思考をフル活用するわけです。このプログラムを通して、企業にも、学生にもデザイン思考を伝えることができました。当時日本で無名だったデザイン思考を普及させるために、最初に行った取り組みです。

次に、デザイン思考力を客観的に定量化するための研究を始めました。英語力ならばTOEICの点数が参考になるように、「新しく求められる能力」を世の中に普及させていくためには、その能力値を表す客観的な指標が必要となります。客観的な指標が存在すれば人々は自身の能力を示すために学習してスコアを高め、そのスコアが能力の証明となって就職活動などの局面で役立つという良いサイクルが生まれます。

人々がこれからの時代に必要なデザイン思考力を身につけることで、彼らの将来のキャリアが輝くと考えたのです。数年間にわたる研究活動は成果を実らせ、デザイン思考力のスコアリング技術は日米で特許を取得。東京大学や慶應義塾大学の教授とも共著で論文を執筆し、国際ジャーナルへの掲載、査読付きの国際学会での発表も行い、デザイン思考力を客観的に測定できる非常に信頼性の高いスコアとして社会的にも認められることになりました。現在は、デザイン思考の能力を測定できる『デザイン思考テスト』は、月間の受検者数が2万人を超える規模にまで成長しています。

このように、私は社会課題の解決に必要なデザイン思考を世の中に普及させることで、人々が社会課題解決に取り組む土台を作れるのではないかと考え、自分自身の10年近くの年月を費やしてきました。現在の活動の規模感ではまだ安泰とは言えませんが、このまま順調にこの活動が世の中に普及していけば、きっと私がこの世を去った後も多くの人がデザイン思考を知り、学ぶきっかけを後世に残せるのではないかと思っています。

リーマン・ショックまでは「自身の成長」が第一の欲求でした。転機を迎え「社会に価値あるものを残したい」という欲求が新たに生まれました。それがその後の私のキャリアを形作っています。自身の欲求や潜在ニーズに目を向けることは、自身のキャリアのデザインに活かせるのです。

あなただけの「提供価値」がある

では「自分がどうなりたいか」がぼんやりイメージできてきたら、次は何をすべきでしょうか。デザイン思考においては、ペルソナの体験の解像度を高めることが大切と述べましたが、ここでは将来の自分自身がペルソナになるため、「なりたい自分」は将来どんなシーンでどんな体験をしているか、より具体的にイメージすることが重要になります。この将来像が具体的であるほど、その実現確率が高まると言っても過言ではありません。デザイナーが理想の状態をイメージできないまま作品作りに取りかかっても良い作品にならないのと同じです。

「将来、自分の好きなことを好きな時にできる生活をしたい」と考えたとします。ぼんやりした解像度では具体的な実現方法は導き出せないため、実現確率は低いままです。好きなこととは具体的には何なのか、どのようなシーンで実現しているのか、その時の家族との関係やライフスタイルはどうか、実現できる自分はどんな仕事や人的ネットワークをもっているか、といった細かいユーザーストーリーをイメージしていきます。理想の状態を解像度高くイメージできて初めて、バックキャストで「今やるべきこと」、つまり実現するための手段を具体的に描くことができるようになります。

もし理想の状態を上手くイメージできないなら、自分の理想のイメージに近い人物を探し、その人のライフスタイルや考え方をインプットするのも手です。最近はYouTubeやインスタグラムなどで多くのインフルエンサーが自身の「理想のライフスタイル」を発信しています。その中で、「こういうライフスタイルを送りたい」と共感する人がいれば、その人の投稿した動画や画像を色々と閲覧することで、自分の理想のライフスタイルの解像度を高められるかもしれません。

次に重要なのは、理想のライフスタイルを「どうやって実現するか」です。多くのインフルエンサーは自身の成功体験を発信していますが、これらを鵜呑みにしないよう注意しなければなりません。中には、「こうなるためにはこれを必ずやらなければならない」と断言する人もいるでしょう。ひどい場合は、それが企業案件の商材広告だったりします。

デザイン思考的には、実現方法のデザインはバイアスフリーに自分の頭で考えることが重要です。誰もが考えつくありがちな解決方法は、皆が同じアプローチをするため最も競争倍率が高く、実現確率が低くなります。ピーター・ティールが言うように、独自のオンリーワンのアプローチをとることが競争を避け、成功確率を高める近道です。そのためには、誰もが当たり前だと思っている「無意識の前提条件」を抽出し、そのバイアスを取り払って「異なる方法はないか」と色々と模索するのです。

目標とするライフスタイルがあるなら、成し遂げられるほどの収入をもたらす仕事を探すか、少ない資金でその生活ができる土地に移り住むのも手でしょう。俯瞰して世界を見回すと、先進国の首都圏で、高い物価にさらされながら、「常にお金のことを気にしながら生活していること」がむしろ異常と感じるかもしれません。

「人脈を作るには異業種交流会に参加して色んな人に会いに行かなければならない」と言われたとしましょう。ですが大勢の集まる場では、自分は多くの人にとってワン・オブ・ゼムに過ぎません。知り合いは増えたとしても、相手から魅力的な存在と認識されなければ、本来の人脈を作った先の目的には活きません。であるならば、自分自身の「独自の提供価値」を磨き上げ、相手にとってあなたがオンリーワンの存在になり、向こうから会いたくなる人物になることの方が大切です。

まずは、相手にとってのあなたの「提供価値」の抽出を行ってみることです。デザイン思考を使ったサービス作りで提供価値の抽出を行ったように、あなた自身をサービスに置き換えて、相手から見た価値と必要性をデザインするのです。これは世の中で言うセルフデザインに当たるもので、裏にある考え方はデザイン思考そのものです。

このようにデザイン思考は生きていくうえの様々な局面で活用可能です。ビジネスにおいてだけでなく、日々の生活に取り入れることで人生はきっと豊かになります。

日常から取り組めるデザイン思考トレーニング

ここでキャリアデザインへのデザイン思考の活用の話から、本来のサービス作りの話に戻り、日々の生活の中でどのような意識をもって行動すれば、デザイン思考力が向上するか考えてみましょう。

ここまで述べたとおり、「他者への共感から潜在ニーズを発見する」というプロセスから始めます。したがって、デザイン思考力を高めるためには、まずは「他者への共感力」を高めることが重要です。「共感」する目的は他者の心の動きを詳細に理解するためです。デザイン思考とは、言い換えれば「心の動きを理解することで他者の行動をデザインし、自社のサービスを使ってもらうように上手く誘導するための思考メソッド」です。

このシーンにおいてユーザーはこんな気持ちになる。だから、このようなUI/UXのサービスを提供することでユーザーの心はこのように動き、サービスをこのように使ってくれる――

すべてはそういった仮説のもと、プロトタイプを作成することでテストし、実証していきます。仮説が正しければサービスはヒットしますし、間違っていれば「誰も欲しがらないサービス」ができ上がります。

しかし、「他者の心の動き」を詳細に理解することは容易ではありません。ここで他者の心の動きを理解するためのトレーニングとして有用なのが、まず前段階として「自分自身の心の動きを理解すること」です。「自分の心の動きくらい理解してるよ！」と思われるかもしれませんが、人は日常のシーンにおいて、無意識になんとなく行動していることがほとんどです。

お気に入りのレストランがあったとしましょう。その店がなぜお気に入りなのか。店に入った時、料理を注文する時、料理が運ばれてきた時、料理を口に入れた時、お会計をする時、店員とコミュニケーションした時、それぞれの瞬間にあなたはどのような欲求が刺激されてどのような気持ちになるのか、その気持ちの変化について細かく意識し、観察している人はまずいないでしょう。

ですが少なくとも、あなたは一連の気持ちの変化が心地良いので、その店を気に入っているはずです。瞬間ごとの気持ちの変化、根元にある欲求まで理解できれば、「心地良い体験」を創出するサービスの要素が見えてきます。

そして、どういった要素が人の気持ちに変化を与えるかの因果関係がわかれば、あなたのサービス設計にその要素を取り入れていけば良いのです。先の例で言えば、店員が話しかけた時に必ず笑顔で返してくれる、といった些細なことかもしれません。

本源的欲求は人間であれば誰でももっています。あなたが刺激される欲求は、他の人も同様に刺激され、あなたと同じような気持ちになる可能性が高いと言えます。まずは自分の日常の気持ちの変化、それを誘発するサービスの要素を言語化するというトレーニングを行ってみましょう。きっと「人の気持ちの動かし方」のパターンが見えてくるはずです。

世の中でヒットしている注目のサービスを使ってみて、人気の理由を考えてみるのも良いトレーニングになります。特に、類似の存在が既に世の中にあるにも関わらず、後発サービスがヒットした場合、オンリーワンな「人の心を動かす要素」が隠れているはずです。

その要素は何なのか、その要素が人々のどのような欲求を刺激し、どのような気持ちにさせるのか、その理由について考えてみるという習慣をつけると、自然と「人の気持ちの動かし方」が理解できるようになります。

人の気持ちの動かし方がわかってきたら、次は「答え合わせ」で検証を行っていきます。あなたが見つけ出した人の心を動かす要素と、それによって起こる人々の気持ちの変化は、あくまであなたの描いた「仮説」に過ぎません。本当にその仮説は正しいのか、簡単に検証する方法があります。仮説を友人や同僚に話して、気持ちの変化に「共感」してもらえるか確かめるのです。「最近話題の～（サービス名）は、～というところが良いよね。使っていて～の気持ちにならない？」と話を振ってみます。そこで、「そう？　私はそう思わないけど」という反応なら、あなたの仮説は間違っている可能性が高くなります。逆に、「そうそう。～だよね。私もそう思う」という反応を得られたなら、精度が高まっている証拠です。もちろん、1人だけでなく複数の意見をもらって総合的に判断します。日常のちょっとした会話の中で仮説検証を行い仮説の精度を高めるトレーニングを行っておけば、新規サービスの設計において成功確率が高くなります。

デザイン思考にはプロトタイプを作るプロセスが含まれており、完成品よりコストを抑えながらサービス開発の成功確率を高められるように段取りが組まれています。とは言え、プロトタイプを作るコストもゼロではありませんし、時間もかかります。したがって、その前に筋の良い仮説を高い精度で立てられるようにトレーニングしておくことが重要であり、その精度が高いほど、最終的な成功の可能性が高まるのは言うまでもありません。

最初から正解を導き出せる人は世の中にいません。仮説検証の繰り返しを通じて少しずつ精度が高まってきます。もちろん、実際のサービス開発のプロジェクトを通して成功と失敗を繰り返し、「経験」という形で精度を高めていくこともできます。しかし、失敗した場合には会社に多大な損失を与える可能性があることを考えれば、前段階として日常的にトレーニングを行っておくことは無駄ではありません。日常の出来事を題材にトレーニングすることはコストもかかりませんし、自分自身の能力を高めることにつながるのです。

共感がもたらす円滑なコミュニケーション

デザイン思考は、相手に共感することでその人が本当に求めていること（潜在ニーズ）に気づき、それを実現する方法を見いだす思考法です。この能力が高ければ、日常生活において友人や家族とコミュニケーションする中で、彼らが本当に求めていることに気づき、先回りして喜ぶ行動をしてあげることができるようになります。きっと相手は「何も言わなくてもいつも私の求めていることに気づいてくれてサポートしてくれる」とあなたに感謝し、良い人間関係を築くことができるようになるでしょう。

仕事においても同様です。もし、あなたが営業や接客業をやっているなら、顧客が本当に求めているものを理解し、良い提案をすることで、大きな成果を挙げることができます。企画の仕事をしているなら、ターゲット顧客が思わず参加したくなるような企画を立案できますし、マーケティングの仕事をしているなら、買いたくなってしまうようなCMを考案できるでしょう。社内で部下をマネジメントする立場だった場合、部下の困りごとを先回りして気づいてサポートしてあげることで「良い上司」と評価を受けるでしょう。

社会生活においてチームの一員として活動する以上、自分の言動が相手の気持ちにどのように影響を与えるかを考えながら自分の行動をデザインする必要があります。デザイン思考の本質が「人の気持ちをデザインすることで人を動かすこと」であるならば、デザイン思考は1人の人間として生活するうえで必要不可欠な能力なのです。

そして、もう1つのデザイン思考の重要な要素は、「目的（または理想の状態）を明確にしてからやるべきこと（手段）を逆算する」というバックキャストの考え方です。これも日常生活や仕事において非常に重要になってきます。

恋愛や結婚生活でパートナーとの間に亀裂が入る理由として「お互いの目指す方向や価値観が違った」というのはよく聞く話です。これは、出会った初期のフェーズにおいて、お互いの将来ビジョンが共有できていなかったために起こります。ビジョンが共有できてないということは目指す方向を共有できていないことを意味し、一緒に生活を続けていくうえで考え方や行動の間にズレやすれ違いが生まれてくるのは当然のことです。

もし、パートナーを将来も一緒にいる相手として考えるなら、理想の将来像を共有することは不可欠でしょう。ビジョンの共有は仕事においても非常に重要です。会社の将来のビジョンが明確でない、もしくは社員に浸透していない場合、会社はどこへ向かっていくのか、その中で自分はどのような価値観に基づいて行動すれば良いのか社員はわからなくなります。なぜなら、社員が実践すべきバリュー（行動指針）は、会社のビジョンをもとに策定されるからです。ビジョンやバリューが浸透していなければ、社員が一丸となって同じ方向を目指して頑張ることができなくなり、組織のパフォーマンスは著しく低下するでしょう。デザイン思考の特徴であるバックキャストの考え方は日常生活や仕事において非常に重要です。

このように、デザイン思考は新規サービス開発において有効な思考法であるのはもちろん、人々が社会生活を送るうえで円滑なコミュニケーションを行い、人間関係において良い結果をもたらすための重要な要素を含んだものです。ぜひ様々なシーンでデザイン思考を活用してください。

おわりに

まずはここまで読んでくださった読者の皆さんにお礼を言いたいと思います。ありがとうございます。

私は本書でデザイン思考について解説していますが、これまでにいくつか成果を挙げてきたとは言え、私自身はスティーブ・ジョブズのような革新的なイノベーションをまだ起こせていないですし、日本でスタートアップを経営している1人の起業家に過ぎません。

本書を手に取り、「これからイノベーションを起こしてやろう」と思ってくれているであろう皆さんと同じ挑戦者です。

しかし、そんな私が本書を執筆しようと思ったのは、私がデザイン思考と偶然に出会い、その魅力に取り憑かれて理解を深めていく中で、「この考え方が日本でも広がればきっと日本経済は復活できるはず」と確信し、自分の得た知識を社会に還元することで少しでも世の中に貢献したいと思ったからです。本書で述べた内容は、現時点で私が得た知識をまとめたもので、イノベーションに必要な知見全体をカバーしているわけではありませんが、これから新規サービス開発に挑戦する方のお役に少しでも立てれば幸いです。

次に本書を執筆するにあたってお世話になった方々へ感謝の気持ちを伝えたいと思います。まずは、2021年12月に他界した父・博に対してです。父は昔気質の非常に厳しい人で、父子でフランクにコミュニケーションをする関係ではありませんでした。それでも、無一文から起業して会社を成長させ、きちんとした教育を受ける機会を提供してくれたことには感謝してもしきれません。父は戦争中に父親を失い、敗戦時に満州から引き揚げる際に兄弟全員を病気で亡くしています。残ったのは父と、父の母親だけでした。幼少期は鹿児島で貧しく育ち、いつかは豊かな暮らしをしたいと夢見ていたそうです。高校を卒業すると同時に単身で大阪に移り住み、仕事を転々とする中で私の母・輝美と出会います。無一文で結婚しましたが、母に良い暮らしをさせてあげたいという想いから事業を立ち上げる決心をします。父は英会話学校すらほとんど日本になかった50年前に「これからは皆が英語を話せないといけない時代がやってくる。世界で通じる英語を話せるようになるためにはネイティブスピーカーが教える学校が必要だ」と思い至り、ネイティブスピーカーの講師にこだわった英会話学校を立ち上げる計画を立てます。父自身も学んだことのない英語を独学で習得して単身アメリカに渡り、新聞広告を出して講師を募集して英語で面接を行い、ネイティブスピーカーを日本に連れ帰るという類稀なる行動力を発揮します。そして、自宅のプレハブを教室にして地元では話題の学校を作りました。

ところが、大阪の中心部から離れた地域の、最寄り駅から徒歩30分以上離れた教室では事業を成長させるうえで限界がありました。この問題を解決するため、父は中型バスを2台購入し、父と母が1台ずつバスを運転して市内中から生徒を集めるという策に出て、事業を成長させます。当時は生徒輸送は珍しいものでした。

その後、進学塾や家庭教師の派遣にまで多角化し、第二次ベビーブームの追い風もあり関西の大手と言われる規模にまで大きくします。一時はバブル崩壊で痛手を受けるも苦境を乗り越え、ウエディング事業で再び成功を収め、夢であった海外進出も果たしました。まさに大阪の地方都市のプレハブから世界に羽ばたいたのです。

私の幼少期は両親が忙しく働き、一般的な家庭のような家族団欒の時間はほとんどなかったですが、その生活に全く不満はなく、自分たちの生活を支えるために必死に働いてくれている両親の姿を、いつも尊敬と感謝の気持ちで見ていました。

愛する人を幸せにするために努力し、挑戦し、その先に成功を摑んだ父の姿は今の私の起業家としての人生に大きな影響を与えています。リスクを恐れず挑戦することの大切さはもちろんですが、愛する人のためであればどんな苦しい状況にあってもそれを打破する策を考え抜き、信じられないような行動力を発揮して何度も乗り越えていく。私はそこに「起業家の真髄」を幼いながらに見ていたような気がします。

そして、父の葬儀で母が送った、次の言葉が今でも強く心に残っています。

「今まで愛してくれて本当にありがとう。あなたが遺してくれた大切な会社は何があっても私が守り抜きます」

実際、新型コロナで主力のウエディング事業が壊滅的なダメージを受けながらも、母は会社を守るべく奮闘を続け、業界大手も倒れる中、新規事業を次々と立ち上げることで会社を存続させ、復活に導いています。私は両親という2人の起業家に育ててもらったことで、気がつけば自然に起業家のマインドセットが身に付いたように感じます。今思えば、最高の起業家教育でした。お父さん、お母さん、本当にありがとう。

また、現在の私の挑戦を支えてくれている家族、社員、投資家の皆さんにも感謝の気持ちを伝えたいと思います。まだ世の中にないビジネスアイデアを次々に着想し、どんどん事業化していく私の行動は、周りの人たちにとって時には大きなストレスだと思います。事業が成功ばかりであれば良いですが、中には失敗をすることもあり、私は良くても振り回される人にはたまったものではないでしょう。そんな中でも、多くの人が「松本さんがまた何か新しいことを思いついて始めたぞ」と温かく見守って、できる限りの支援をしてくれることには感謝の言葉しかありません。いつも本当にありがとうございます。起業家とはそういう生き物だと思って諦めてください（笑）。

しかし、経営者として社員や投資家の皆さん、（そして、個人として家族）を幸せにしなければいけないという自覚と覚悟はもっていますので、今後とも引き続きよろしくお願いいたします。

最後に、本書を通じて読者の皆さんのビジネスの成功確率を少しでも高めるお手伝いができるなら、このうえなく嬉しく思います。ぜひ革新的なサービスを生み出し、世の中の人々を幸せにすると共に、その事業を通じて皆さんの人生も豊かになることを願っています。

参考文献

『経済発展の理論』（ヨーゼフ・アロイス・シュンペーター著、日経ＢＰ社）
『イノベーションのジレンマ』（クレイトン・クリステンセン著、翔泳社）
『スティーブ・ジョブズ　驚異のイノベーション』（カーマイン・ガロ著、日経ＢＰ社）
『ゼロ・トゥ・ワン　君はゼロから何を生み出せるか』（ピーター・ティール著、ＮＨＫ出版）
『ユーザ中心ウェブビジネス戦略　顧客心理をとらえ成果を上げるプロセスと理念』（武井由紀子、三木順哉著、ＳＢクリエイティブ）

松本 勝［まつもと・まさる］

1975年大阪府生まれ。東京大学大学院工学系研究科修了後、ゴールドマン・サックス入社。株式トレーダー、金利デリバティブトレーダーを経て、2010年に人工知能を用いた投資ファンドを設立。2014年にVISITS Technologiesを設立し、人の創造性やアイデアの価値を定量化する合意形成アルゴリズム「CI（コンセンサス・インテリジェンス）技術」を独自開発して日米で特許を取得。ビジネスカンファレンスやアワードの受賞多数。趣味は筋トレ。アームレスリング元日本代表。FWJ JAPAN OPEN 2022フィジーク マスターズ優勝。著書に『破壊的イノベーションの起こし方』（東洋経済新報社）。Twitter「@visits_tech」

DTP・図版デザイン：ためのり企画
編集：加藤洋平

デザイン思考2・0
人生と仕事を変える「発想術」

二〇二三年 二月六日 初版第一刷発行

著者　松本勝
発行人　川島雅史
発行所　株式会社小学館
〒一〇一－八〇〇一 東京都千代田区一ツ橋二ノ三ノ一
電話 編集：〇三－三二三〇－五五八〇
販売：〇三－五二八一－三五五五

印刷・製本　中央精版印刷株式会社

Printed in Japan ISBN978-4-09-825440-8

小学館新書
好評既刊ラインナップ

新版 動的平衡3
チャンスは準備された心にのみ降り立つ　福岡伸一 444

「理想のサッカーチームと生命活動の共通点とは」「ストラディヴァリのヴァイオリンとフェルメールの絵。2つに共通の特徴とは」など、福岡生命理論で森羅万象を解き明かす。さらに新型コロナについての新章を追加。

デザイン思考2.0　人生と仕事を変える「発想術」　松本 勝 440

スティーブ・ジョブズやジェフ・ベゾスなど、人々の暮らしに劇的な変化をもたらしたイノベーター（革新者）には共通したシンプルな思考法があった。デザイン思考は、ビジネス上の決断でも、人生の選択でも、強力な武器になる。

英語と中国語　10年後の勝者は　五味洋治 441

国際情勢のさまざまな局面で主導権を争うアメリカと中国。言葉の世界でもそれぞれの母国語である英語と中国語が熾烈な戦いを続けている。著名な国際ジャーナリストが、10年後の言語の覇権の行方を大胆に予測する。

EVショック　ガラパゴス化する自動車王国ニッポン　高橋 優 445

世界ではいま、内燃機関車から電気自動車への移行「EVシフト」が爆速で進行している。EV黎明期に世界をリードしていた日本のEV普及率は現在わずか1%。ガラパゴス化する日本の課題と世界の現状をわかりやすく解説。

同調圧力のトリセツ　鴻上尚史・中野信子 442

同調圧力の扱い方を知り、コミュニケーションを変えれば、孤立するでも、群れるでもなく、心地良い距離で、社会と関わることができる。脳科学と演劇の垣根を越え、コミュニケーションのトレーニングを探る痛快対談。

孤独の俳句　「山頭火と放哉」名句110選　金子兜太・又吉直樹 431

「酔うてこほろぎと寝てゐたよ」山頭火　「咳をしても一人」放哉――。こんな時代だからこそ、心に沁みる名句がある。“放浪の俳人”の秀句を、現代俳句の泰斗と芸人・芥川賞作家の異才が厳選・解説した“奇跡の共著”誕生。